中华精神家园

古建风雅

园林千姿

岭南园林特色与名园

肖东发 主编 余海文 编著

中国出版集团

现代出版社

图书在版编目（CIP）数据

园林千姿：岭南园林特色与名园 / 余海文编著. —
北京：现代出版社，2014.5（2019.1重印）
ISBN 978-7-5143-2322-1

Ⅰ. ①园… Ⅱ. ①余… Ⅲ. ①古典园林－介绍－广东
省 Ⅳ. ①K928.73

中国版本图书馆CIP数据核字(2014)第086311号

园林千姿：岭南园林特色与名园

主　　编：肖东发
作　　者：余海文
责任编辑：王敬一
出版发行：现代出版社
通信地址：北京市定安门外安华里504号
邮政编码：100011
电　　话：010-64267325　64245264（传真）
网　　址：www.1980xd.com
电子邮箱：xiandai@cnpitc.com.cn
印　　刷：三河市华晨印务有限公司
开　　本：710mm×1000mm　1/16
印　　张：9
版　　次：2015年4月第1版　2021年3月第4次印刷
书　　号：ISBN 978-7-5143-2322-1
定　　价：29.80元

党的十八大报告指出："文化是民族的血脉，是人民的精神家园。全面建成小康社会，实现中华民族伟大复兴，必须推动社会主义文化大发展大繁荣，兴起社会主义文化建设新高潮，提高国家文化软实力，发挥文化引领风尚、教育人民、服务社会、推动发展的作用。"

我国经过改革开放的历程，推进了民族振兴、国家富强、人民幸福的中国梦，推进了伟大复兴的历史进程。文化是立国之根，实现中国梦也是我国文化实现伟大复兴的过程，并最终体现为文化的发展繁荣。习近平指出，博大精深的中国优秀传统文化是我们在世界文化激荡中站稳脚跟的根基。中华文化源远流长，积淀着中华民族最深层的精神追求，代表着中华民族独特的精神标识，为中华民族生生不息、发展壮大提供了丰厚滋养。我们要认识中华文化的独特创造、价值理念、鲜明特色，增强文化自信和价值自信。

如今，我们正处在改革开放攻坚和经济发展的转型时期，面对世界各国形形色色的文化现象，面对各种眼花缭乱的现代传媒，我们要坚持文化自信，古为今用、洋为中用、推陈出新，有鉴别地加以对待，有扬弃地予以继承，传承和升华中华优秀传统文化，发展中国特色社会主义文化，增强国家文化软实力。

浩浩历史长河，熊熊文明薪火，中华文化源远流长，滚滚黄河、滔滔长江，是最直接的源头，这两大文化浪涛经过千百年冲刷洗礼和不断交流、融合以及沉淀，最终形成了求同存异、兼收并蓄的辉煌灿烂的中华文明，也是世界上唯一绵延不绝而从没中断的古老文化，并始终充满了生机与活力。

中华文化曾是东方文化摇篮，也是推动世界文明不断前行的动力之一。早在500年前，中华文化的四大发明催生了欧洲文艺复兴运动和地理大发现。中国四大发明先后传到西方，对于促进西方工业社会的形成和发展，曾起到了重要作用。

　　中华文化的力量，已经深深熔铸到我们的生命力、创造力和凝聚力中，是我们民族的基因。中华民族的精神，也已深深植根于绵延数千年的优秀文化传统之中，是我们的精神家园。

　　总之，中华文化博大精深，是中国各族人民五千年来创造、传承下来的物质文明和精神文明的总和，其内容包罗万象，浩若星汉，具有很强的文化纵深，蕴含丰富宝藏。我们要实现中华文化伟大复兴，首先要站在传统文化前沿，薪火相传，一脉相承，弘扬和发展五千年来优秀的、光明的、先进的、科学的、文明的和自豪的文化现象，融合古今中外一切文化精华，构建具有中国特色的现代民族文化，向世界和未来展示中华民族的文化力量、文化价值、文化形态与文化风采。

　　为此，在有关专家指导下，我们收集整理了大量古今资料和最新研究成果，特别编撰了本套大型书系。主要包括独具特色的语言文字、浩如烟海的文化典籍、名扬世界的科技工艺、异彩纷呈的文学艺术、充满智慧的中国哲学、完备而深刻的伦理道德、古风古韵的建筑遗存、深具内涵的自然名胜、悠久传承的历史文明，还有各具特色又相互交融的地域文化和民族文化等，充分显示了中华民族的厚重文化底蕴和强大民族凝聚力，具有极强的系统性、广博性和规模性。

　　本套书系的特点是全景展现，纵横捭阖，内容采取讲故事的方式进行叙述，语言通俗，明白晓畅，图文并茂，形象直观，古风古韵，格调高雅，具有很强的可读性、欣赏性、知识性和延伸性，能够让广大读者全面接触和感受中国文化的丰富内涵，增强中华儿女民族自尊心和文化自豪感，并能很好继承和弘扬中国文化，创造未来中国特色的先进民族文化。

　　　　　　　　　　　　　　　　　　　　　　　　　　　　　2014年4月18日

岭南园林

岭南园林萌芽于秦汉，经过长期缓慢的发展逐渐繁荣，至明清时，终于走向成熟，独树一帜。使我国出现了江南园林、北方园林和岭南园林三足鼎立的崭新局面。

岭南园林以珠江三角洲为主，逐渐影响到潮汕、福建、海南、广西和台湾等地。一般都建成庭院的形式。建筑物通透开敞，以装饰细木雕工和套色玻璃画见长。

园林形成的条件及要素

"岭南"始称于唐代贞观年间的岭南道，也称"岭表""岭外""杨越""百越"或"南粤"，系我国南方五岭以南地区的概称。其区域主要包括福建南部、广东全部、广西东部和南部、海南全境、台湾和湖南以及江西等部分地区。

五岭指分布于湘赣之南、粤桂之北、东西长达1000多千米的越城、都庞、萌渚、骑田和大庾五岭，也称"南岭"。它们如道道帏帐把塞北之风阻于五岭以北，再加上紧邻南海，因此气候十分炎热。

为了避暑气，也因为岭南夏季以偏南风为主、冬季以北风为主的季风因素，岭南园林建筑一般建成南北向的两种形式：一是"连房博

■ 中山詹园

厦"，如广东东莞的可园，主要通过大片房屋降温；二是"高墙冷巷"，如广东佛山梁园，主要通过多进院落不断通风降温。

经常有台风也是岭南的特点。为了防台风，建筑厚墙以抗风，缓顶以减少迎风面，顶上用砖石以固定瓦片。而且岭南多雨，更胜于江南，雨多而植物生长茂盛，成为四季繁花的基础，因岭南地区一年四季都山清水秀，呈现出一派典型的亚热带和热带自然景观，被誉为"南国风光"而驰名中外。

但也正是因为岭南雨多，冲刷得厉害，自然风景因此形成了许多石林、裸岩、悬崖和峭壁，于是存在"有石必有泉"之说。因为石峰而生泉落瀑，因落瀑而成潭，进而形成了岭南园林特有的崖瀑潭局景象，如广东清晖园的凤来峰就是如此。

由于岭南气候潮湿，园林多利用干栏、高台和檐

塞北 一般指长城以北地区，也泛指我国的北边地区。塞是指"边塞""要塞"，相当于明代的长城。而以此为界，以北的部分已经出边塞，故名"塞北"。到清代时，塞北大约是漠南蒙古、漠北蒙古、科布多、唐努乌梁海与阿拉善盟等以蒙古人居住为主的地理区域。

园林千姿

岭南园林特色与名园

■ 中山詹园

柱础 俗称磉盘，或柱础石，是我国古代建筑构件的一种，它是承受屋柱压力的垫基石，凡是木架结构的房屋，可谓柱柱皆有，缺一不可。我国古人为使落地屋柱不潮湿腐烂，在柱脚上添上一块石墩，就使柱脚与地坪隔离，起到绝对的防潮作用，同时，这石墩又加强柱基的承压力。

廊来抬高生活面，所以岭南园林中水面距离地面都较高。而各园的高生活面、高柱础、宽檐廊就是防雨祛湿之法。

此外，岭南地区背山面海的环境成就了岭南独特的海岸文化。

岭南的海岸文化通常以"龙"为中心，因此表现在园林建筑的每一部分上，都有龙柱、龙窗、龙雕、龙画、龙池、龙脊、龙王庙、龙舟等。另外，岭南的海岸文化还表现在仿照海边礁石的海礁局，仿照岛上股石生泉的股石泉局之上。

由于自然景观所形成的自然园林和适合于岭南人生活习惯的私家园林，就不同于北方园林的壮丽和江南园林的纤秀，而具有轻盈、自在与敞开的特色。

自古以来，岭南人民就创造了丰富多彩、风格各异的古代园林，是我国园林艺术重要的组成部分。在岭南园林的构建元素中，山、水、石、建筑和字画以及植物等自然要素特别关键。

岭南园林的山，从本质上说，不属于崇山文化，所以造园不以堆山为主，而是以理水为主。但岭南园林的堆山主要是指叠石像岩峰或崖壁，这些山与山峰下潭的结合，形成了崖瀑潭景观。

这种园林在广东和广西最多，而在福建园林中，则以岛山、礁石为母本，用花岗岩、鼓浪石与龙潭构成。

尽管有珠江三角洲平原，但岭南还是以山地为主，所谓七分山三分田，很多园林不是水景园，而是山景园，或是山多水少的园林。

这些园林地处偏远地区，园林景观较为朴素，无非是点缀一些亭台楼阁而已。而这些山景很少是堆成的，与江南园林的山景全是堆成的有很大不同。

岭南园林地处高冲刷地区，水体的存在形式不同于江南河与湖的景观，而是泉、河、潭、瀑和海景观，因而理水成多种格局。

沿海地区如珠江三角洲、闽南三角洲和海南岛的园林景观，常是

■詹园"舜帝宝殿"匾额

■ 中山詹园正门

庭院 我国古代亭、台、楼、榭等建筑物前后左右或被建筑物包围场地的通称，就是一个建筑的所有附属场地和植被等。它既具有遮风避雨、满足人们日常生产和生活的实用功能，又能表达某种崇敬和信仰，以及划分社会尊卑等级的精神功能，因而在我国传统文化中占有较重要的地位。

以表现平面的海景为多，有时也表现潭景或溪景。表现海景的以闽南的园林为多，这些景观在大型公园里用得较多。

在小庭院中，园林则以水石庭来表现。水石庭是岭南园林的特色，其表现手法有潭景和海景两种。海景通常作为矶石景观，如广州白云的矶石庭。潭景包括崖潭景，多以广州的酒家为多。

岭南园林的泉景不像江南园林和北方园林做成平地涌泉的形式，多做成挂泉的形式，结合崖与潭，构成崖潭景观，如广州山庄的三叠泉等。

另外，还有地上井泉形式和喷泉形式。井泉是较为传统的方式，如广州的廉泉和贪泉。至于海景与湖景，许多都是依海、依湖而造园。

岭南园林的用石在材料选择、水石关系、山石关系、叠石技法等方面，都显出与江南园林和北方园林不同的特色。在石材选择上，有英石、黄蜡石、湖石、珊瑚石等。

在山与石的关系上，一种是上述的人为堆石成山，另一种是不加修饰地利用和展示自然之石的山景观，这是自然风景园的特点。

在水与石的关系上，古典的庭院多表现为海景、潭景和泉景，此三景的创造是用石来构筑的，多用峰石夹瀑和壁石挂瀑，或用鼓石吐泉和矶石浮水。

岭南理石不向上堆叠，而向水平展开，分为置石法、堆石法、挂壁法、塑石法。置石法分为黄蜡石、太湖石和花岗石，分平置、抛石和埋石三法。

石身置于土上，如随意抛置而成，所以叫"抛置"。石根入土半截以下，称为平置。石根超过一半没入土中，称为埋石。

堆石法多是用太湖石或珊瑚石。叠石法主要用于

太湖石 又名"窟窿石""假山石"，是一种石灰岩，有水、旱两种，峻峭怪式，形状各异，姿态万千，通灵别透，其色泽最能体现"皱、漏、瘦、透"之美，以白石为多，少有青黑石、黄石，尤其黄色的更为稀少，具有非常高的观赏价值。它与灵璧石、英石和昆石被列为我国"园林的四大名石"。

■ 岭南园林景观

画舫 舫是船的意思，常泛指小船，而画舫就是装饰华丽的小船，一般用于在水面上游玩和观景，有时也用来宴饮。另外，画舫也指仿照船的造型建在园林水面上的建筑物，做法与真正的画舫较为相似，但是下部船体采用石料，所以像船而不能动，一般固定在比较开阔的岸边，也称"不系舟"。

英石的壁山做法，称"挂壁法"，最富岭南风韵，可用于室内室外。塑石法就是用灰泥和水泥仿石，节省石材，后来的公园里的古洞探险几乎都用塑石。

岭南园林的建筑类型很多，有碉楼、舫、船厅、亭、廊桥及其他相应设施等，但都以生活性为主。

在庭院园林中，较少江南园林的小品建筑，如亭台楼阁之类。而是把生活性建筑放在首位，如客厅、居室、屋顶、廊道和天井进行点石，及配植盆栽、插花等。

碉楼为岭南园林中最有特色的一种楼式，源于碉堡，但采用了民间雕楼的形式，与江南园林的山楼目的一样，都是为了借景。如东莞可园的邀山阁和佛山清晖园的留芬阁等。

作为海岸文化缩影的舫也很有特色。江南和北方园林舫都是做成真实的船形，岭南园林也有，如梁园

■ 开平立园

石舫、宝墨园的紫洞艇和可园的可舟等。

船厅则不仅有舫，更是把厅和船结合，多取船名船意，少取船形船态。在古时，因船厅内设画舫，且多为千金小姐居住，所以俗称"小姐楼"，如清晖园和余荫山房等。

在岭南园林中，亭的做法很不规范，千奇百怪，或用回廊、围墙围合的，或用角梁与枋穿插的，或少数民族式。亭子有单檐和重檐，屋面形式变化多端，也有在柱子中作变化的。

桥在岭南园林中也很多，有拱桥和平桥，也有石桥和木桥，多与廊结合成为廊顶石拱桥。廊桥以广东为多，如广州番禺余荫山房的廊桥则在全国范围都特别有名。另外，在岭南园林中，还有少数民族兴建的风雨楼以及山区的索桥等。

在廊的用法上，岭南园林多用开阔的单体建筑的

■ 岭南园林的长廊特色

廊桥 也称"虹桥""蜈蚣桥"等，为有顶的桥，可遮阳避雨、供人休憩、交流和聚会等作用。廊桥主要有木拱廊桥、石拱廊桥、木平廊桥、风雨桥和亭桥等。我国的廊桥已有2000多年的历史，汉朝已有记载。虹桥盛行于北宋时中原地区，以汴水虹桥为代表。

前檐廊，主要突出其实用性。景观廊也有，但不是岭南园林的主要特色，曲廊最好的是清晖园，桥廊最好的是余荫山房。

在古典园林和现代园林中，园路、广场的地面较为规则，铺地较为平整，直而不曲的道路，几何图案的广场，有时整个庭院也是满铺，原因是利用排水，减轻冲刷，减少蚊蝇。

"高墙冷巷"的做法是岭南古典园林中的特色。大部分的古典园林都采用南北朝向，多进式院落，其大进深小面宽，前庭大后庭小，前为园后为院的布局。这几种做法都是为了利用最小的面积获得最大的通风效果。

景墙在岭南园林中的最大特色就是大漏窗，而且在墙体装饰上用烁石嵌出图案。从材料上看，岭南园林传统多用青砖墙。

岭南园林的厕所、灯、桌凳、垃圾桶、指示牌、

漏窗 俗称花墙头、花墙洞、漏花窗、花窗，是一种满格的装饰性透空窗，外观为不封闭的空窗，窗洞内装饰着各种漏空图案，透过漏窗可隐约看到窗外景物。漏窗是我国园林中独特的建筑形式，也是构成园林景观的一种建筑艺术处理工艺，通常作为围墙上的装饰小品，多在走廊上成排出现。

■ 开平立园

说明牌、花坛和柱等都做得很有艺术性。

岭南园林的小品，以石头小品为多，有石狮、石鬼、石蛇、石鹤、石灯笼、石桌、石凳、石指示牌和石雕塑等。

岭南园林的植物配植组成具有多层次的特点，应用量最大的为花大、色艳、有香味及彩叶的木本植物种类，常用植物有棕榈类的大王椰、假槟榔、大王棕和酒瓶椰；有藤本的炮仗花、夜来香、紫藤、杜鹃和绿萝；有耐阴的兰花、蕉类、芋类、蕨类和葵类，另有榕树和荔枝等。

■ 开平立园门楼

相传我国私家园林最早见于汉代，属于民间的贵族、官僚和缙绅所私有，又称为"园厅山庄""别业"等，是私人住宅和花园的结合。

按照地域和特征，私家园林分为北方私家园林、江南私家园林、岭南私家园林和皖南私家园林四类。其中，江南私家园林的艺术成就最高，尤以苏州园林最为著名。

岭南私家园林因所处地理环境与人文习俗而形成了独具特色的宅第庭院形式的造园方式，尺度虽小，但布局紧凑，内涵丰富，温馨恬适的家庭生活氛围浓厚，实用性很强。

开放兼容多彩的园林文化

岭南园林立意务实入世；建筑量较多，连房博厦，体量偏大，造型舒朗清透，装饰丰富多彩，乡土味、西洋风味兼具。

山石以英石、腊石为主，小型壁山或孤石，立意通俗生动；池水多为小型水局，砌石池岸，多规整几何形；植物品种繁多，全年绿荫苍翠，花团锦簇。

岭南园林文化有因自然而上升的文化，有因人工而积淀的文化，前者为海岸文化和热带文化，后者则是远儒文化和世俗文化，开放文化和兼容文化，贬谪文

开平立园牌坊

化和务实文化。

由自然而上升为文化的方面，如建筑的高活动面和高柱础与水涝和湿气的关系，缓屋面和台风的关系，宽檐廊与多雨的关系，高墙冷巷与高温的关系、龙形、鱼形、水草、龟、蛇、芭蕉主题与装饰的关系，塑鼓石与海蕉的关系，崖瀑潭局与自然山水的关系等，都能利用自然之物之景，通过设计回避或化害为利，如古榕遮阴，椰林通风，敞厅纳凉等。

■ 开平立园牌坊

远儒文化是岭南学者对岭南园林文化最精辟的阐释，如果说江南园林和北方园林的儒意较浓的话，岭南园林的儒家意味则很淡。

岭南人远离政治中心，因而表现于古典园林建筑梁架的不规范等，另外，长期处于南疆的"蛮夷之族"的传统造就了武家文化，表现于清代园林的碉楼形式和后来园林的"肥胖"立面和简朴粗柱。

远儒性从品唯上看，是较为俗气的世俗文化，它是岭南文化的主流，特别晚清以后，北方的政客官僚，江南的文人墨客，岭南的商家富豪成为三大地域园林的创作主体，岭南园林中的空间实用性及园宅一体的设计就是它的表现。

岭南园林的开放性，兼容性和多元性最早表现于南越国皇家园林对中原园林文化的全盘吸收上。到了

英石 又称"英德石"，产于广东英德。它具有悠久的开采和玩赏历史，早在宋代时，英石就已被列为宋代皇家的贡品。不仅具有"皱、瘦、漏、透"等特点，还极具观赏和收藏价值。此外，它与太湖石、灵璧石和昆石被列为我国"园林的四大名石"。

■ 佛山梁园景色

潮汕 是地理和文化上的概念，指的是广东东部的潮汕文化影响区域，历史上随着行政区划的更迭先后有义安、潮州、潮州三阳、潮州八邑、汕头地区、粤东四市之称，后来主要指广东东部的城镇群。

清代，古典园林中大量用花色玻璃，形成与江南和北方两地迥然之别。

贬谪文化和务实文化源于历代受贬于此的正直官员爱民如子，与民同乐思想与行动的统一，古代的岭南开发较晚，从秦开始，统治者多为北来的贬谪之官，三国的虞翻建虞国，唐代韩愈在潮州游北城山水时说："所乐非吾独，人人共此情"，都表达了开拓务实、勤政爱民和与民同乐的思想。

在岭南域内，有水资源极其丰富的珠江和韩江两大水系，这两大水系分别形成了以珠江下游广州为中心的广府文化、以韩江下游汕头为中心的潮汕文化和以韩江上游梅州为中心的客家文化。

后来，这三个文化圈又形成了两处主要的园林中心：广府园林和潮汕园林，前者有顺德清晖园、佛山梁园，番禺余荫山房和东莞可园四大古典名园，后者有耐轩磊园和潮阳西塘等。其次，岭南园林还包括了闽台与港澳园林后来形成的园林文化。

岭南园林的类型，根据地域大致分为广东园林、广西园林、海南园林、福建园林、台湾园林和港澳园林等。

广东园林是岭南园林的主流，它主要以平地苑庭和雕塑取胜。广东园林的建筑，普遍柱础较高，屋面无坡或少坡，龙纹和海波脊饰明显，最大的特色还在于装饰的"三雕三塑"和壁画。

另外，大量使用花色玻璃也是广东古典园林的特色。广东四大名园都以山水的英石堆山和崖潭格局、建筑的缓顶宽檐和碉楼冷巷、装饰的三雕三塑、色彩的蓝绿黄对比色、桥的廊桥、植物的四季繁花为特征。

广西园林以自然山水与历史文化的积淀为特征，以平地峰林和名人墨迹为胜，主要表现在石林、石峰、石崖和石潭以及壁刻之中，其最大的长处是有自然之景可以借，无须人工开凿湖河景观。

在建筑风格方面，广西园林上比较朴素，淡雅的格调用以点缀主景的山形水色。广西园林中，历代名人墨迹很多，这是广东、海南和福建园林中无法比的，几乎所有的岩石壁上都有名人的字画。

海南园林以热带风光和海岛风光为胜。热带风光以植物来表现，许多热带植物

壁画 是一种在墙壁上绘制图画的艺术。古时，人们直接绘画于墙面上，作为建筑物的附属部分，它的装饰和美化功能使它成为环境艺术的一个重要方面。壁画为人类历史上最早的绘画形式之一。我国壁画兴盛于唐代，宋代以后，壁画逐渐衰落。直到建国后，壁画才得到恢复与发展。

南国风光

岭南园林

■ 开平立园凉亭

园林千姿

岭南园林特色与名园

■顺德清晖园

正脊 又叫大脊、平脊，位于屋顶前后两坡相交处，是屋顶最高处的水平屋脊，正脊两端有吻兽或望兽，中间可以有宝瓶等装饰物。庑殿顶、歇山顶、悬山顶、硬山顶均有正脊，卷棚顶、攒尖顶、盝顶没有正脊，十字脊顶则为两条正脊垂直相交，盝顶则由四条正脊围成一个平面。

虽然在广东、广西、福建都有，但长势并不如海南好。海岛风光还利用石和沙来表现的，大多数名胜地在海边，可以直接利用海边的海水、海滩和海石。

由于自然山水中的海景、岛景、礁景和滩景为岭南园林的山水特征，海南园林的建筑风格尤为朴素，多为草顶、鱼饰等建筑，并配以椰林和槟榔以及三角梅等为植物。海南园林的建造材料中也有塑石，但并不是特色，它最大的特色就是利用珊瑚石。

在海南的各个园林中，堆山都用珊瑚石，珊瑚石在广东并不多见，在广西和桂林就更少见，但在海南，几乎所有的园林都用了珊瑚石，有的用它来堆山，有的用它来筑墙。如大东海以它砌坡，五公祠以它堆山，还有用其砌园内的门。

福建园林以建筑的地方性和海塑石为胜。它以礁石、塑鼓石为山水特征，以正脊起翘、海波脊尾为建筑特征，正脊龙雕、鱼草山花和石刻石雕为闽台园林的装饰特征。

其中，福建园林最具特征性的建筑式样正脊起翘，是其他岭南园林所没有的。最能代表福建建筑风格的园林如鳌园、归来园和龙舟池以及台湾名园。

台湾园林以灰塑石山、咕咾石山和模仿福建名山为山水特征，以闽南建筑为建筑特征，以平顶拱桥为桥特征，以灰塑或砖雕瓜果器具漏窗为装饰特征。

港澳园林因香港、澳门两地以岛屿为主，属热带海洋性气候区。由于历史因素和中西文化的冲突，香港由于自然海洋景观如岛屿、海湾众多，因此风景区和公园很多。

香港园林有中西两种风格，它的兼容性很强。如九寨沟城仿江南园林景观，北区公园仿扬州园林景观，岭南园林之风则直接仿岭南四大园林的景观。澳门的人工景观与香港园林一样，中西文化交融，我国的儒道佛三大文化支柱在澳门园林中皆有表现。

岭南园林中，字画相对较少，但也不乏佳作，如可园邀山阁联："大江前横；明月直入"、可园雏月池馆联："大可浮家泛宅；岂肯随波逐流"、正门联："十万买邻多占水；一分起屋半栽花"等。

阅读链接

古代岭南建筑风格简练、通透、淡雅，其空间布局自由、流畅、开敞，装饰艺术却十分精美华丽。此外，木雕、砖雕、陶瓷、灰塑、门窗隔扇、花罩漏窗等都精雕细刻，再加上套色玻璃做成的纹样图案，在色彩光影的作用下，犹如一幅幅玲珑剔透的织锦。

岭南园林最典型的装饰艺术莫过于"三雕三塑"：木雕、砖雕和石雕称"三雕"，陶塑、泥塑和灰塑称"三塑"。园林中，三雕三塑遍布全园，在门头、门联、窗楣、基座、台案、檐口、檐柱、月梁、瓜柱、雀替、坐靠、栏杆和屋脊等处，其中以灰塑和砖雕最具岭南味。

园林的不断演变与发展

岭南园林历史比中原园林晚得多。岭南园林发端于南越，兴盛于南汉，至清代而形成我国园林三大流派之一。而自南汉至清之前的这段时间，岭南园林不断地演变发展，并在宋、明时代各逞其盛。

顺德清晖园

相传，秦始皇派任器、赵佗二将统一岭南，后赵佗在汉初称帝为南越武帝，效仿秦代皇宫室园囿，在越都番禺，就是后来的广州大举兴宫筑苑，建造了岭南最早的皇家园林越王台、白鹿台、长乐台和朝汉台等。

在唐代初，岭南园

■佛山梁园

林有广州荔园和福州芙蓉园。唐末，南汉和闽都是五代十国之一，刘岩建立南汉后，掀起了第二次皇家园林高潮，在广州留下了西御苑、河南宫苑、明月峡、越秀山、甘泉苑和芳林苑等；闽王王延钧辟福州西湖为御苑，建水晶宫。

尔后，随着岭南一带割据政权的衰亡，岭南皇家园林也就销声匿迹了；但随着后来岭南社会经济的逐步增长、文化艺术的发展和海内外频繁的交流，岭南园林又逐渐呈现出了越来越浓厚的地方民间色彩。

宋代时，造园艺术在岭南迅速推广，设在官员衙署中的园林和归隐士人宅园，对于花石取胜的传统有所发展。在端州，就是后来的广东肇庆，北宋丞相包拯任知州时，曾在郡厅建菊圃，"前有轩，累土为山，抵石为基，榜曰'烂柯天洞'"。

在广东惠州，归善县有琼州安抚使李纯思修建的

五代十国 唐朝灭亡之后，在中原地区相继出现了定都于开封和洛阳的后梁、后唐、后晋、后汉和后周五个朝代以及割据于西蜀、江南、岭南和河东等地的十几个政权，合称为五代十国，它是介于唐宋之间的一个特殊历史时期。

■佛山梁园

李氏山园，此园临江建了座"潜珍阁"。

后来，谪贬惠州的北宋文学家、政治家苏轼曾为之撰《惠州李氏潜珍阁铭》。铭中描述了山园主人"择胜而栖神"的造园意境，此园：

　　蔚鹅城之南麓，擢仙李之芳根，因石阜以庭宇，跨饮江之鳌鼋，发飞檐与铁柱，插清江之渊沦。

可见，潜珍阁以其花石为胜，依山临江，巧用地形构筑楼阁之匠心。

在广东潮州，揭阳榕城石马山下的浦口村，北宋熙宁年间由北宋文学家欧阳修的表弟彭延年以钦赐钱帛兴工营造了"彭园"，此为北宋年间粤东第一座私家园林。

据《彭园图》记载，彭园的布局负山面水，左

朝廷 在我国古代，被一些诸侯、王国统领等共同拥戴的最高统领者，从而建立起来的一种统治机构的总称。在这种政治制度下，统领者一般被称为皇帝。朝廷后来指帝王接见大臣和处理政务的地方，也代指帝王。

松右竹，建有四望楼、碧涟亭、赏月水阁、药圃、东堂、书斋、武馆、水榭、假山等建筑。

此园占地万余平方米，彭延年特地从家乡江西庐陵请来名匠负责施工，是为粤地吸收岭北造园文化的实例。

相传，当时朝廷有位姓邓的特使参观彭园后大为赞赏，竟说"洛阳富园、东园、独乐园，皆乏彭园之特色"。可见，彭园筑园技艺品位甚高。

北宋时，岭南园林有惠州白鹤居、海南载酒堂、登州十二石斋、广州西园、高要菊圃、阳光西园、新兴十仙园、泉州金池园等。在潮阳麻田山，有著名逸士吴子野经营的宅院岁寒堂、游子庵。

据说，吴子野与太守李天章到山东游玩时，向致仕官绅解二卿索得来自登州沙门诸岛的十二美石，由

太守 原为战国时代郡守的尊称。西汉景帝时，郡守改称为太守，为一郡最高行政长官。历代沿置不改。隋初以州刺史代郡守之任，太守不再是正式官名，仅用作刺史或知府的别称。宋以后，称知府、知州等官为太守。明清则专称知府。

■ 佛山清晖园

■佛山清晖园明清古建筑

海路运回家乡，置于岁寒堂。与吴子野交好的北宋文学家苏轼为之撰《北海十二石记》谓：

　　　　近世好事能致石者多矣，未有取北海置南海者也。

由此说明，南汉造园以花石为重的传统，为后代所传衍。在广州，宋代由于对外贸易繁盛，中外文化交流扩大，这种以花石取胜的造园特色，又有独特的反映。

北宋名臣余靖在广州任尚书左丞知时，曾作有《题寄田侍制广州西园诗》，有"石有群星象，花多外国名"之句。余靖在家乡粤北曲江也建有西园，他曾在此接待来访的祖无择，"林间载酒"，与之酬唱。祖无择在粤西阳江也建有一座西园，"在旧洲治西二里，乔木怪石，萧然出生，亦名盘玉壑"。

至南宋时，岭南各地又陆续建了和理堂、温玉堂、静明庵。因而，粤之东、西、中、北各处皆有名园。后来的清代粤中名园佛山梁园，也称"二十四石斋"，就是以石为特色。

到了明代，由于岭南在经济上繁荣，促进对外文化交流，岭南造园文化始学扬州，后学苏州，有不少仿效江南园林的痕迹。同时，其自身特色则仍发扬了花石取胜的传统，利用气候条件之优势，渐而突出明显的热带风光特色，并营造了一大批享有盛誉的私家庭园。

明代后期见于古籍的私家宅园很多，广州城的四郊就有不少引人入胜的园子。如：

《广东新语》

由清代著名学者、诗人屈大均撰，成书于他晚年时，是一部有价值的清代笔记。全书共28卷，每卷述事物一类，即所谓一"语"，如天、地、山、水和虫鱼等。

> 朱氏园，在会城东北，倚山为之……盖幽居之最胜者也。

陈子履在城东有"东皋别业"，是一座颇有诗意的园林，《广东新语》曾详细地描述了东皋别业的迷人景色：

■清晖园

顺德清晖园

园林千姿

岭南园林特色与名园

　　湖中有楼，环以芙蓉、杨柳。三白石峰矗其前，高可数丈。湖上榕堤竹坞，步步萦回，小汊穿桥，若连若断。

　　……林中亭榭以其花为名，器皿几案窗棂，各肖其花形象为之。花有专司，灌溉不摄。

　　……夹岸桃树有一坊书曰"桃花源里人家"。桂丛藤蔓，缭绕不穷，行者辄回环迷路。

　　如此气派和富有韵味，毫不逊色于江南园林。那时候，在城西有南汉旧迹上所建的花坞、华林园、西园；在城南有望春园、芳华苑、南园。

　　在白云山南麓濂泉坑一带还有陈子壮依山建筑的云棕别墅。环绕面积百余亩的宝象湖，布楼馆十余所，园内大量种植梅、柳和荔枝。

　　在越秀山南麓，有李时行的小云林，又在此基础上改建成继园。在城北有芳春园、桃花夹水二三里，可以通舟。

　　在城西有吴光禄所筑的西畴，梅花最盛。在小北门内有寄园，在河南有郭家园（清代改建为海幢寺）、天山书院。

　　整个明代时期的岭南园林，不仅于志籍有可稽之史实，于地方也有可考之古迹，足以说明其未必"远不如中原盛"。而到了清初岭南地区经济比较发达，文化水准提高，私家造园活动开始兴盛，逐渐影响及于潮汕、福建和台湾等地。

到清中叶以后而日趋兴旺，在园林的布局、空间组织、水石运用和花木配景方面逐渐形成自己的特点，终于异军突起而成为江南、北方鼎峙的三大地方风格之一。

顺德的清晖园，东莞的可园，番禺的余荫山房，佛山的梁园，号称"粤中四大名园"，其中以余荫山房最为有名。

它们的风格都具有鲜明的特点：水池、湖呈几何图形，这是由于受外国西方的影响；沿湖建筑也都呈对称布局，园林小品都是精细雕刻，而且花木葱茏繁茂，不足之处便是建筑体量过大。

岭南园林发展至清朝已日趋成熟，其传统建筑畅朗轻盈，与北方园林的稳重大方及江南园林的秀丽典雅形成三足鼎立的局面。当时，除私家园林之外，还有公共园林。

清代岭南园林主要围绕山水和寺院展开，表现于广西的山和广东的湖之中，如桂林的七星岩、象鼻山、伏波山、叠彩山、独秀峰都是隋唐时就受到文人墨客的垂青。

■ 顺德清晖园

■中山詹园

　　岭南园林有庭院式、自然山水式和综合式等。庭院式是岭南园林的特色，其小巧堪与国外古典园林相媲美，几乎所有的私宅、酒家和茶楼都建筑了庭院园林，如广东东莞可园、广东番禺的余荫山房等。

　　在明清时代，仅广东就有私园50多处，如东皋、小云林，广州小画舫斋、普宁春桂园、梅州人境庐等；广西有雁山园。福建私园有40多处，如福州伊园、泉州春夏秋冬四园、厦门菽庄花园等。

阅读链接

　　彭园为北宋年间闻名粤东的第一座私家园林，位于广东揭阳梅云镇浦口村，为大理寺卿彭延年设计、创建于1084年。相传，彭氏后人为纪念这位功绩卓著的先人，在彭园旧址建有"彭氏宗祠"。

　　彭延年生于1009年，原籍江西庐陵。历任福州推官、大理寺评事及大理寺少卿。后因其对潮州深有感情，遂致仕隐居揭阳浦口村，建祠堂，筑园林，之后子孙繁衍，成为彭氏入粤开基祖。

　　彭园原有四望楼和药圃，"轩有东堂，左竹右松，负面泽，有书在架，有鹤在庭，命车载酒，社友聚应于德星，牧唱渔歌，忘返适情于伏腊。"

靖江王城坐落于广西桂林中心，它是明太祖朱元璋侄孙朱守谦被封为靖江王时修造的王城，别称"皇城"，也叫桂林王城，占地面积近20万平方米，为一组金碧辉煌、规模宏大的建筑群。

靖江王城由明代靖江王城和独秀峰组成。著名的独秀峰屹立在王城的正中位置。靖江王城是典型的明代藩王府规制，以独秀峰为坐标的南北中轴线上的主体建筑，依次排列为端礼门、承运门、承运殿、寝宫、御苑、广智门、左宗庙、右社坛等主体建筑。

靖藩府城

靖江王城

南天一柱与王府的修建

从秦始皇北筑长城，南修灵渠开始，便有了桂林。此后，广西桂林就以其秀丽山水闻名于世，而位于广西桂林中心的、享有"桂林众山之王"之称的独秀峰则是桂林山水中最秀丽的风光，素有"桂林山

广西桂林独秀峰

■ 广西桂林园林景观

水甲天下"的美誉。

独秀峰与桂林著名的叠彩山、伏波山三足鼎立，是桂林主要山峰之一，相对高度66米，由3.5亿年的石灰岩组成，主要有三组几乎垂直的裂隙切割，从山顶直劈山脚，通过水流作用，形成旁无坡阜的孤峰。

独秀峰山体扁圆，东西宽，端庄雄伟，南北窄，峭拔隽秀，有"南天一柱"之誉。晨曦夕照，独秀峰披上太阳的光辉，俨然一位穿着紫袍玉带的王者，所以，它又被称为"紫金山"。

古时，广西的文化中心在桂林，而桂林的文化中心则在独秀峰。历代都有许多的文人墨客在独秀峰的读书岩下面读书，在独秀峰的山体上刻着诗词，因而独秀峰的文化氛围浓郁，人文底蕴丰厚。

早在南朝宋武帝刘裕时期，著名文学家颜延元任始安郡，就是后来的桂林太守时，他常在独秀峰东麓岩洞内读书写诗，此岩洞因而名为"读书岩"，岩有两口，既利采光，又通风透气，冬暖夏凉，内有天然

长城 指秦始皇所筑"秦长城"。它西起临洮，就是后来的甘肃省岷县、东至辽宁省辽东，筑长城万余里，以防匈奴南进。它像一条蜿蜒的巨龙盘亘静卧于崇山峻岭之间。远远望去，雄伟壮观，气势非凡。

■ 广西靖江王城

钟乳石 又称"石钟乳"，是指碳酸盐岩地区洞穴内在漫长地质历史中和特定地质条件下形成的石钟乳、石笋、石柱等不同形态碳酸钙沉淀物的总称。钟乳石的形成往往需要上万年或几十万年时间。广西、云南是我国钟乳石资源最丰富的主要省区，所产的钟乳石光泽剔透、形状奇特，具有很高的欣赏和收藏价值。

石床和石凳。

读岩洞依山傍水，摩崖石刻甚多，是岭南文教的发源地，也是桂林历史文化名城的奠基。在读书岩上，颜延元写下了最早赞美桂林独秀峰的佳句：

未若独秀者， 峨峨郛邑间。

到了唐代，唐初名将李靖在独秀峰下构筑子城，并兴办了学宫。而且，唐代著名诗人张固也在读书岩上写下了赞美桂林独秀峰的著名诗句，尤为突出赞美了独秀峰介然兀立的气势：

孤峰不与众山俦，直上青云势未休。

独秀峰有历代石刻百余件，其中，唐代著名诗人、书法家郑叔齐的"独秀山新开石室记"，以及后来的"南天一柱""紫袍金带""介然独秀峰独立"等，都是桂林不可多得的石刻巨作。

历史上，广西桂林被称为"西南会府"。宋代时，独秀峰下建有铁牛寺，南宋开国皇帝宋高宗赵构在登基之前，曾在铁牛寺修行。

当时，在独秀峰钟乳石下的一通诗碑上，有南宋提点刑狱权知府事王正功所作，后来一直作为点评桂林山水景色的不朽名句：

桂林山水甲天下，玉碧罗青意可参。

王正功的诗句极好地凸现出桂林的山青、水秀、洞奇和石美。自古以来，独秀峰就是桂林的著名风景区，被誉为"独秀奇峰"。

独秀亭有石阶共306级，在独秀峰峰顶，建有高二层、红柱、六角、重檐、瓦顶的独秀亭，通高7米，长宽各4.8米，面积23平方米。

依栏极目，全城秀色尽收眼底。柱间有通透花窗，东西向双开门。亭侧另有方亭，高6米，长宽各4.7米，面积22平方米。

此外，在独秀亭亭前，有10平方米平台，周围设有护栏，高踞悬崖之巅。登临四望，云生足下，星列胸前，桂林奇山秀水一览无余。

到了元代时，铁牛寺改为"大国寺"，元顺帝孛儿只斤·妥懽帖睦尔继位前，就曾在独秀峰前的大国寺修行。元顺帝继位后，他在独秀峰下修了一座潜邸，名为"万寿殿"。因而，桂林独秀峰一带素来又被认为是潜龙之地。

■广西桂林园林景观

在明代，明太祖朱元璋为了巩固朱明王朝的一统天下，实行"列土封王"，把桂林作为首选的10个藩封重镇之一。1370年，朱元璋将长兄南昌王朱兴隆之孙、侄子大都督朱文正之子朱守谦分封于桂林，称"靖江王"。

相传，朱守谦幼年被封为王，与他的父亲、曾被朱元璋誉为"天下第五名将"的朱文正关系极大。朱文正曾因誓死坚守洪都，取得了洪都保卫战的最终胜利，改变了元末的整个局势，并决定了朱元璋的霸王事业。

1372年，还在南京的靖江王府派出长史赵坝1000人来到桂林，踏勘风水，寻找吉壤。他们发现，元顺帝的潜邸万寿殿内的独秀峰，平地拔起，众山环绕，孤峰独秀，为我独尊，颇有天然的王者气势。他们很快商议选定了在独秀峰南麓的万寿殿遗址基础上建造靖江王府府邸。

当年11月，15岁的靖江王朱守谦手捧明太祖朱元

■广西桂林独秀峰

■ 广西桂林园林景观

璋的诏令和祖父的主神位牌，来到桂林就藩，成为桂林靖江王府的第一位藩王。

靖江王府在1372年破土动工，至1376年竣工，是最早建成的明朝王府。靖江王府之所以最早建成，部分原因是其规模小于其他正支亲王府，少了承运殿后面的圆殿和存心殿及其附属建筑，城垣也相对矮小一些，但是其余的宫殿建筑和宗庙、社稷与正支亲王府是一样的，这正体现了靖江王的旁支亲王地位。

1393年时，明太祖朱元璋又命重修靖江王府，重修的原因并不是宫殿破旧了，而是要改变其规格。这次重修，是靖江王府建设历史中，规模最大的一次。除城垣、四门城楼和宗庙社稷未改建外，其余宫殿、诸衙门俱重起造。

当时，在独秀峰西麓，有著名的天然洞穴，原名"西岩"，是靖江王拜仙修炼处，供奉着玄武帝及

风水 本为相地之术。相传风水的创始人是九天玄女，比较完善的风水学问起源于战国时代。风水的核心思想是人与大自然的和谐，早期的风水主要关乎宫殿、住宅、村落、墓地的选址、坐向、建设等，是选择合适的地方的一门学问。

■ 靖江王府独秀峰
玄武阁

玄武 即玄武大帝，又称真武大帝、玄天上帝，全称真武荡魔大帝，为道教神仙中赫赫有名的玉京尊神。相传，他为龙身，降世为伏羲，为盘古之子，曾任第三任天帝，生有炎黄二帝，是中华的祖龙。民间尊称他"荡魔天尊"。明代以后，民间玄武信仰尤为普遍。

六十甲子保护神像，其六十甲子保护神像摩崖石刻是国内唯一的一处。相传，后因靖江王在岩中发现"太平通宝"铜钱一枚，以为祥瑞之兆，更名为"太平岩"。

六十甲子保护神，就是通常人们所说的60个"太岁"。据说，每个人都有自己的"太岁"，而本命年通常容易"犯太岁"。因而，民间流传有本命年拜自己太岁的习俗，而且还有手势和程序上的讲究。

据明代宣德年间版本《桂林郡志》所绘的王府图来看，重修后的靖江王府宫殿建筑均为单檐，而未重修的四门城楼均为重檐。显而易见重修的靖江王府的规格比初建时有所降低。

明太祖虽然降低了靖江王府的规格，但却又特许其小院宫室任从起盖，不算犯分，而这种特许其他王府是没有的。

后来，靖江王府经过了建文、永乐二朝削藩的沉沦，但在永乐时代，靖江王仍然享受"禄视郡王、官属亲王之半"的待遇，但册、印均"制如郡王"。到宣德时期，靖江王的境遇有所好转。

到正统时恢复了旁支亲王的名分，朝廷按亲王府例为靖江王设置官属、护卫，按亲王礼仪册封袭爵者，在例行赏赐亲王时也算上了靖江王。于是靖江王开始援用明太祖的特许在府中兴建小院宫室。

到明代万历年间，靖江王府在独秀峰上修建了一座镇守龙脉的圣庙，名为"玄武阁"。因左侧露天供奉有极其罕见的天然龟蛇合形玄武像，加上右侧石壁上天然生成有一个"寿"字，玄武阁理所当然成为方圆千里诸法场之首。

此后，玄武阁因历代靖江王在此祈求风调雨顺，王位永固，长命百岁，而被靖江王府列为皇家禁地，就是后来的清朝时期也只有极少数政界名流、文坛泰斗有幸登临此处。

作为一个藩王的王府，其地位低于皇帝，但又高于一般臣民和大臣们，所以明代靖江王府发展到万历年间时，经数代修缮与扩建，其王府规模已经非常宏大，四周以巨石砌城垣，方正庄严，在桂林城中自成一城，所以又称"靖江王城"。

阅读链接

据考古发现，靖江王城内宫殿遗址自南而北依次为：承运门台基，一层，高1.2米，东西宽37米、南北深11米；承运殿台基，三层，高3.7米，其中月台二层，高3米，平面呈向南的凸字形，宽60米、最深亦约60米；王宫门台基，一层，高1米；王宫台基与王宫门台基等高。

其中，承运殿台基比亲王府规制高出约1.5米，为直接使用元顺帝潜邸万寿殿的台基。但其前后云阶中央的巨型石雕都只有云纹而无龙纹，由此可见在1393年明太祖朱元璋下令重建以后靖江王地位下降，已无资格使用龙纹图案。

明清时王城的兴盛与变迁

明代的靖江王城平面布局呈南北长、东西窄的长方形，占地面积约为20万平方米，城池南北长556.6米，东西宽335.5米，通高约6米，墙底厚6米、顶厚5.5米，四城门的墙体比其余城墙高出约1.9米、向内凸出约16米。

广西桂林园林风光

■ 广西桂林园林风光

　　整个王城建筑遵循我国传统宫殿建筑"坐北朝南""中轴对称"和"左祖右社、前朝后寝"的原则，以独秀峰为王城的南北中轴线。王城中央为承运殿，殿之南为承运门，采用"六门金钉朱户"之制。

　　王城布局严谨，在中轴线东西侧，宫院楼宇均呈对称布局，有四堂、四亭和台、阁、室、所等四十多处。

　　所有建筑系大式歇山顶，殿堂巍峨，亭阁轩昂，红墙碧瓦，坚城深门，规模宏大，气势森严，水光山色，恍如仙宫。经多次重修和扩建，靖江王府便成了与独秀峰名胜不可分割的部分。

　　靖江王城的城垣全部采用巨型方整的料石砌成，城墙厚5.5米，通高近8米，城墙上基本没有什么装饰。王城周围是3里长的城垣，内外以方形青石修砌，内充片石浇灰浆，十分坚固。

　　靖江王城当时辟有四门：东为体仁门，后改名为"东华门"；南为端礼门，后改名为"正阳门"；西

中轴对称 宫殿建筑都采取南北中轴线对称布局，总体上显得均衡、方正、严肃、有序。所有的主要建筑都严格对称地布置在中轴线上，且高大华丽，气宇轩昂。轴线上及其两侧的建筑都是坐北朝南，主要为陪衬中轴线上的主体建筑，突出"南面称王"的思想，表现皇权至上并彰显皇家尊严。

台基 又称基座，指台的基础。在建筑物中，系高出地面的建筑物底座，用以承托建筑物，并使其防潮，同时可弥补我国古建筑单体建筑不甚高大雄伟的欠缺。我国古代建筑台基有普通、较高级、更高级和最高级之分，主要有土质台基和石质台基两种类型。其中，土质台基最为普遍。

为遵义门，后改名为"西华门"；北魏广智门，后改称"后贡门"。

在古时，只有王宫贵族的居室才能叫作宫殿。承运殿为靖江王府主殿，明朝时期为靖江王处理军政要务的地方。承运门是靖江王府正门，取义"奉天承运，皇帝诏曰"之意。

承运门内为高大的台基雕栏、云阶玉陛，为进入承运殿的必经之道，用桂林独有的灰白石雕刻而成，雕的是"如意祥云"，意喻"吉祥如意"。左右两个石阶为不同的官员行走，"左文右武"。

为了体现不同的等级，古时一般都从基座上考虑。据《礼记》记载：

> 天子之堂九尺，诸侯七尺，大夫五尺，士三尺。

"堂"，指的就是"台基"。记载说明，台基的

■ 广西桂林靖江王城古建筑

高度很早就列入了封建礼制的等级限定。台基中衍生出一种高等级的须弥座台基，用于宫殿、坛庙、陵墓和寺庙的高等级建筑。

须弥座台基本身又有一重、二重、三重的区别，用以在高等级建筑之间作进一步的区分。而平民百姓的房子就没有什么基座了。靖江王城的承运殿基座是两重的，北京故宫的基座都是三重的。三重是最高的等级，只有皇帝才可以使用了。

须弥座上的装饰物也很讲究。靖江王城的须弥座雕刻了一些龙。装饰色彩等级制对内外檐装修、屋顶瓦兽、梁枋彩绘、庭院摆设、室内陈设都有严格的限定。按等级采用，对建筑物的装饰色彩也有等级划分，总的说以黄色为尊，其下依次为赤、绿、青、蓝、黑和灰。

宫殿墙面用金、黄、赤色调，而民居却只能用黑、灰、白为墙面及屋顶色调。靖江王城的宫殿墙面是黄色的，瓦顶是黑色的。

宫殿的墙面是红色的可用黄色琉璃瓦顶、斗拱、

须弥座 又名"金刚座"或"须弥坛"，源自印度，是用于安置佛像或菩萨像的台座，外表看起来犹如莲花台一样。佛像安置在上面，有吉祥如意的意思。古时，通常用建筑等级较高的宫殿、寺庙等古代建筑。

重檐、藻井以及各式彩绘图案，瓦顶是黄色的，整个建筑群金碧辉煌。宏伟而华丽，体现着最高等级的威严。

我国古代等级制度森严，在房屋的建筑中体现得淋漓尽致，屋顶的等级限制十分严格，从最高等级的重檐庑殿、庑殿、歇山、攒尖、悬山、到最低等级的硬山顶，形成了完整的等级系统，对于不同建筑的等级面貌，起到了十分醒目的标志作用。

在封建时代，不同等级的道路的宽度和长度都不同的。王宫贵族们的宫殿有许多道路，而且宽大，通常都有道路间隔。从靖江王城的承运门到承运殿之间的石头路，就是进入靖江王城走的主路，俗称"王道"。

王道有1米多宽，几十米长，是靖江王府铺设的青石板路，旁边花团锦簇，十分怡人。王道为身份、权力、地位的象征，只有尊贵的王爷、王妃可走，王道是整个王城的中轴线，也是桂林城的中轴线，桂林城以此为中心，向四周辐射开来。

在承运殿后面，有一棵"夫妻树"。龙马潜形，阴阳相生；槐榕合抱，奇趣盎然。但靖江王城里的"藤缠树"与别处不同的是，树干伸出的藤条居然像蛇头似的，酷似一条"小龙"。

■广西桂林靖江王城月牙池

■广西桂林靖江王城拱门及通道

　　王府的寝宫及月牙池位于独秀峰东北麓。寝宫在明代时为王爷王妃住所。其中，月牙池被辟作亭台桥榭相连的御花园。

　　月牙池原为独秀泉，可泛舟其上。明代初年因泉凿池，形如"月牙"而得名。月牙池与圣母、春涛和白龙并称为桂林四大名池。月牙池中曲栏水榭，池畔垂柳依依，为王府御园一景。池水冬夏不涸，峰影倒映其中，山翠尽落。

　　1649年，清将孔有德率军南下，占领桂林，靖江王府成了孔有德的定南王府。

　　靖江王城从明太祖朱元璋侄孙朱守谦受封靖江王起至被占，前后共有12代14位靖江王在此居住，历时270余年，是有明一代封藩最长的一支。

　　1652年，靖江王府因新主人孔有德兵败而被焚。王府被毁后，原来的靖江王府只剩下了承运殿前的明代石道以及府第的门、殿、宫须弥座台基及石雕栏柱、陛阶和城垣等。

　　1841年，在靖江王城东华门上，清廷为新科状元龙启瑞建造了一座状元及第坊。在王城西华门上，1865年为于建章而立。于建章是永福人，任过翰林院编修、贵州乡试典试、山东学政等职。

■靖江王城"状元及第"坊

　　后来，靖江王府又出了张建勋、刘福姚分别于1889年、1892年登上殿试第一榜首。在此后四年的两科中，桂林继唐赵观文和陈继昌、龙启瑞之后，一连出两名状元，震惊了全国。

　　在1900年，状元及第坊就已被毁，但后来就是由于连出两名状元的缘故，状元及第坊得到了重建，四人的名字被并列在坊前。

　　当时，为了表彰连中"三元"的临桂人陈继昌，清代两广总督在方城南面的正阳门附近建造了"三元及第"坊。

阅读链接

　　相传，在清代广西贡院内，有一口水井叫"福泉井"，考生敬若神明，临考必饮之吉祥水。据说，清代在此贡院考试的考生，都会在考前饮用，称为"吉祥水"，似乎喝了就能考中。

　　据史料记载，广西贡院曾是我国西南地区最大的乡试考场，出进士585位、举人1685位，其中有状元4位。因而，广西贡院堪称读书人的福地。其中，仅一年之内的科考，桂林一县八进士，三科两状元，震惊了全国，传为佳话。

清晖园位于广东佛山顺德大良镇华盖里，为我国南方古典园林艺术的杰作。它与广东东莞可园，广东番禺余荫山房和广东佛山梁园一起，被人称为岭南四大名园，它们代表了我国古典园林的重要一支。

清晖园原为明末状元黄士俊府第，后为清朝进士龙应时购得，其后，经过龙氏数代精心营建，格局始臻定型。清晖园的布局既吸取了苏州园林艺术精华，又因地制宜，环境以清幽自然、秀丽典雅见称。

顺德清晖园

明清时黄龙两家相继建园

1570年，黄士俊出生于顺德杏坛甘竹右滩的一个书香之家。

相传，黄士俊参加殿试时，万历皇帝朱翊钧出上联"扫叶烹茶，宝鼎烟中浮蟹眼"，而素来勤学机敏的黄士俊则对以"倚松酌酒，金杯影里动龙鳞"。于是"龙颜大悦"，点为状元。

就这样，广东顺德建县以来的第一位状元诞生了，这在当时可是件惊天动地的大事。不仅当地官员前去顺德杏坛甘竹右滩朝贺31岁的状元黄仕俊，十里八村的乡邻们更是争先恐后地前去拜贺，有的甚至带着孩子一起去，希望能沾沾这位状元的喜气。

1621年，黄仕俊在辞官避世期

广东佛山清晖园

■ 广东佛山清晖园

间，尊其父光宗耀祖的意愿，在顺德城南门外的凤山脚下、原太艮，就是后来的大良南郊的清晖路，修建了黄家祠和天章阁以及灵阿之阁，以供其父亲颐养天年。那时候，这些祠、阁周围都有花园，这便是后来清晖园的前身。

1630年，已是礼部尚书的黄士俊为侍奉病中老父，他辞官回家。1636年，崇祯皇帝朱由检召黄仕俊再度入朝，出任礼部尚书。后来，他先后担任太子太保，还一度入阁担任宰辅，领太子少傅，兼文渊阁大学士，入阁参与机务。

黄士俊入仕30年，没有革故鼎新的伟绩，也无遭人唾骂的劣行，倒由于他学识渊博，工作勤奋，处事公正，因而获得"清正"的美誉。

据传，黄仕俊在明朝灭亡之际，将平时的所有奏章、著作投之一炬尽数烧毁，且在宅园中筑高楼以居之，足不下楼至死不踏清朝土地，以示尽忠明室。过

礼部尚书 是主管朝廷中的礼仪、祭祀、宴飨、学校、科举和外事活动的大臣，始置于南北朝北周时期，隋唐为六部之一。历代相沿。长官为礼部尚书，管理全国学校事务及科举考试及藩属和外国之往来事。

■ 广东佛山清晖园

园林千姿

岭南园林特色与名园

了几年，他便在阁中去世，享年85岁。

时光荏苒，到了清代乾隆年间，彼时的黄家已经衰落，而当时顺德的另一位文人、当地龙氏碧鉴海支系21世龙应时，于1751年考中进士后，他从状元郎的后人手中买下了已经荒废的天章阁和灵阿之阁。黄氏仅留黄士俊祖上黄兰圃公祠前座。

该院归龙家后，龙应时将购得的黄家祠等物业传与其儿子龙廷槐和龙廷梓，后来龙廷槐和龙廷梓兄弟分家时，庭院的中间部分归龙廷槐，而左右两侧则为龙廷梓所得。

龙廷梓获得左右两部庭院后自成一格，将其改建成以居室为主的庭园，分别称为"龙太常花园"和"楚芗园"。

再后来，龙太常花园的继承人家道中落，将龙太常花园卖给了当地的一个经营蚕种生意的大丝商曾秋樵，其子曾栋后来在此经营蚕种生意，挂上"广大"的招牌，所以又称"广大园"。

龙应时的长子龙廷槐，于1788年考中进士，曾任翰林编修，历官左春坊赞善、监察御史等职。

龙廷槐获得黄氏故园的中心部分，并在无意复出官场后，于1800年回乡将继承部分予以拓建，侍奉年迈的母亲入住，且夕读书其间。

1806年，庭院扩建完成后，龙廷槐并请同榜进士、江苏书法家李兆洛题写"清晖"的园名，意取"谁言寸草心，报得三春晖"，以示筑园奉母是为了报答父母如日光和煦普照之恩，这也是清晖园园名的由来。

后来，龙廷槐的儿子龙元任，在父亲的言传身教之下，年纪轻轻便考中了进士。

于是，书香门第的龙家不但成为此后百余年间顺德大良的望族，并且"一门三进士"也成为百年来这里的人们津津乐道的佳话。

为了建好清晖园，龙元任及其龙氏最后一代清晖园主人龙诸惠曾带领设计师和工匠远赴苏州园林，吸取江南的造园精华。园中花亭曾被大风吹倒，也是龙渚惠于1888年重建。

至清代末年，清晖园在龙家几代人的精心营建下，已形成了格局完整的岭南园林风貌。

清代时，清晖园集明清文化、岭南古园林建筑、江南园林艺术和

翰林编修 翰林是皇帝的文学侍从官，翰林院从唐朝起开始设立，始为供职具有艺能人士的机构，但自唐玄宗李隆基后演变成了专门起草机密诏制的重要机构，院里任职的人称为翰林学士。明清时代改从进士中选拔。

■广东佛山清晖园

■ 广东佛山清晖园

理水 是我国园林中的一个主题，有时又称"做水体"。水在我国艺术、文学、风水中代表相当多的涵义，因此如何让水在园中常保流动，随四季有不同的景观，乃至于假山小瀑的意境和音乐效果，都是理水方式所重视的。

珠江三角水乡特色于一体，是一个如诗如画，如梦幻似仙境的迷人胜地。

它与广东佛山梁园、广东番禺余荫山房和广东东莞可园并称为广东四大名园，也称岭南四大名园，它们是岭南园林的代表作。

清晖园构筑精巧，布局紧凑。建筑艺术颇高，蔚为壮观，建筑物形式轻巧灵活，雅致朴素，庭园空间主次分明，结构清晰。整个园林以尽显岭南庭院雅致古朴的风格而著称，园中有园，景外有景，步移景换，并且兼备岭南建筑与江南园林的特色。

清晖园内有大量装饰性和欣赏性的陶瓷、灰塑、木雕、玻璃。园内妙联佳句俯仰可拾，名人雅士音韵尚存，艺术精品比比皆是，令人流连忘返。园林艺术处理颇具匠心。园内叠石假山，曲水流筋，曲径回廊，景趣盎然。

清晖园的造园特色首先在于园林的实用性，为适合南方炎热气候，形成前疏后密，前低后高的独特布局，但疏而不空，密而不塞，建筑造型轻巧灵活，开敞通透。其园林的空间组合是通过各种小空间来衬托突出庭院中的水庭大空间，从而使得造园的重点围绕着水庭作文。

其次，清晖园内水木清华，幽深清空，景致清雅优美，龙家故宅与扩建新景融为一体，利用碧水、绿树、古墙、漏窗、石山、小桥和曲廊等与亭台楼阁交互融合，造型构筑别具匠心，花卉果木葱茏满目，艺术精品俯仰即拾，集我国古代建筑、园林、雕刻、诗画和绘雕等艺术于一体，凸显出我国古园林庭院建筑中"雄、奇、险、幽、秀、旷"的特点。

在花木的配置方面，园内的花卉果木逾百种，除了岭南园林常用的果树，还栽种了苏杭园林特有的紫竹、枸骨、紫藤、五针松、金钱松、七瓜枫和羽毛枫等，并且从山东等地刻意搜集了龙顺枣、龙爪槐等一些树种。品种丰富，多姿多彩，其中银杏、沙柳、紫藤、龙眼、水松等古木树龄已有百年有余，一年四季，葱茏满目，与古色古香之楼阁亭榭交相掩映，徜徉其间，步移景换，令人流连忘返。

清晖园一鉴方塘的做法在江南园林中是罕见的，园林中叫作"理水"。理水同样出自画理，讲究有曲有源，所以水岸曲折，作石矶滩头，设港汊水口，使小水面有浩渺之感，确实有空间拓展之效。

广东佛山清晖园的竹苑

而清晖园荷塘却能不囿常理，深池四壁，周以高树廊房，拒华南炎暑，自得一派清凉，对全园气温都能起到适量调节。

除此功能之外，水面开阔无目障，这就使得澄漪亭、碧溪草堂、六角亭、池廊、船厅、惜荫书屋、真砚斋和花亭等景点好似国画长卷一一展开。对景相成、步移景异的全景式空间，把荷塘与周边建筑全都和谐地构建到了一起。

清晖园主要景点有惜阴书屋、真砚斋、船厅、六角亭、碧溪草堂、澄漪亭、读云轩、凤来峰、沐英涧、竹苑、斗洞、笔生花馆、小蓬瀛、狮山、八角池、归寄庐、红蕖书屋和留芬阁等。

造型构筑各具情态，灵巧雅致，建筑物之雕镂绘饰，多以岭南佳木花鸟为题材，大部分门窗玻璃为清代从欧洲进口经蚀刻加工的套色玻璃制品，古朴精美，韵味无穷。

清晖园占地约3000多平方米，它之所以能在数亩之地造万千气象，让人目不暇接，构园者运用了小中见大构筑理念，如片山寸石状奇峰险崖、虚实相济，如荷塘的平远与园后两院落楼屋鳞毗、园中设

■广东佛山清晖园窗棂

园、延长游园路线等构园手段。

清晖园内，澄漪亭挑廊之上，六角亭凌波依卧，两水松作哼哈耸立。澄漪亭不但与船厅互为对景，还可平视高低错落而又有花树掩映的房舍亭院，以及东岸拱石凌空、枝叶疏遮密掩的花亭。

更有近望远眺的花大如碗的玉堂春、堪称千年活化石的银杏树映入眼帘，确实是待客品茗、赏荷寻景的好地方。

清晖园在组织景面序列关系方面也是很成功的。澄漪亭、碧溪草堂、六角亭、池廊、船厅、惜荫书屋、真砚斋和花亭虽然都是单体建筑，但是运用池廊衔接、古树穿插、曲直途径相连，已经取得了实质性的空间联系，加上前面谈到的对景相成、步移景异的运用，又有了起承转合的景象组群。

在我国古建筑中，廊分为直廊、曲廊、回廊、抄

黄龙宅第
顺德清晖园

挑廊 即悬挑的走廊，古时指二层以上挑出房屋外墙体，有围栏结构，无支柱有顶盖的水平交通空间。后来，多用于称呼较长而通向多个房间的阳台，作用同阳台、眺台。一般活动度比较大的公用建筑使用，如学校。

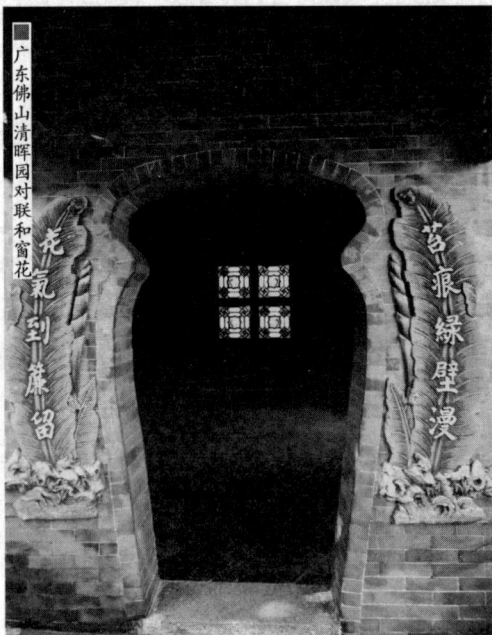
广东佛山清晖园对联和窗花

手廊、爬山廊、叠落廊、水廊和桥廊等形式。

它不仅作为个体建筑之间联系通道，还起着组织景观、分隔空间和增加风景层次的作用。如清晖园六角亭一组空间的池廊，廊的一面完全依墙被墙封闭，它称之为单面空廊。

清晖园美不胜收，因其能以少胜多、因陈设色，使人大有"所至得其妙，心知口难言"之感。清晖园情真意趣，就在于师法自然，状物于似与不似之间，推人至物我交融的境界。

园林千姿
岭南园林特色与名园

阅读链接

据传，清代翰林龙廷槐辞官南归后，就在故里筑园奉母。其中，碧溪草堂是他最先建筑的用作供养其母亲和待客的地方，是清晖园中最早的建筑。但"碧溪草堂"之名，却是他在母亲西去之后才确定下来。

在这之前，他与文朋诗友常相聚于此，吟诗作唱。期间，就有诗友提议他命名该聚所为"草堂"，一来堂是园林中的主要停留点；二来可表达文人士大夫隐逸归真、自然无为的心志。但因为这里也是侍奉母亲的地方，用"草堂"这样的名字，非常不合适，于是"孝字为先"的龙廷槐就婉拒了。

底蕴深厚的清晖园建筑

在清晖园的荷塘南角，为清晖园正门，门厅上悬挂着一块由清代书法大家何绍基题写的"清晖园"匾额，匾额古朴，"清晖园"三字笔力遒劲，实为大家风范，仰慕之情油然而生。

■广东佛山清晖园古建筑

清晖园内，郁郁葱葱的古树名木遍布全园。其中，位于大门处的一棵高大的老白果树，已有160多年树龄，有"活化石"之称。一般要大面积雌雄间种才能结果，但这棵老树，却能在多年内，持续单棵结果，是一棵"双性树"，可谓奇特。

在清晖园中，有一口长方形荷塘。全园的建筑，大多以荷塘为中心，绕荷塘一圈，沿岸而建。离门厅不远处，有一座凸出水池的"澄漪亭"，临水一面刻有一副对联：

临江缘山池沿钟天地之美；

揽英接秀苑令有公卿之才。

此联原为龙渚惠岳父、顺德咸丰探花、礼部兼工部右侍郎、大书法家李文田所书，因日久而损毁，后来重写过。

澄漪亭名为亭，实际上采用的却是典型的水榭做法：临水架起平台，平台部分架在岸上，部分伸入水中，平台上建有长方形的单体建

■广东佛山清晖园古建筑

筑，临水一面是常用落地门窗，开敞通透。观者既可在室内观景，也可到平台上游憩眺望。

碧溪草堂是当年园主人主要起居室，其正门为一座镂空疏竹木雕"圆光罩"，门框镂成两束交叠翠竹状，工艺精湛且古色生香；两扇玻璃屏门的裙板上，用隶书、篆书和鸟虫书体镌刻有48个形态各异的"寿"字，称为"百寿图"。

在碧溪草堂槛窗下，嵌着一副题为"轻烟挹露"的百年阴纹砖雕，刻有幽篁丛竹，刀法圆熟。砖雕题跋，以表筑园者志向心迹：

未出土时先引节；
凌云到处也无心。

六角亭与碧溪草堂之间以池廊相接，此亭多半是当年龙氏老母、小姐及女眷活动之处。亭边设有"美人靠"，既可"常倚曲阑贪看水"，也宜凭栏玉立，体味荷塘听雨任东风的情愫。

池廊上的每道横梁都雕有精美的菠萝、阳桃和香蕉等岭南佳果，散发出浓郁的南粤风土气息。其亭柱

砖雕 由东周瓦当、汉代画像砖发展而来。在青砖上雕出山水、花卉、人物等图案，是古建筑雕刻中很重要的一种艺术形式。主要用来装饰寺、庙、观、庵及民居的构件和墙面。王家大院的砖雕、木雕和石雕，是整体建筑艺术的重要组成部分，也是王家大院最具代表性的特色之一。

佛山清晖园池塘亭阁

楹联书的是：

> 跨水架楹黄篱院落；
> 拾香开镜燕子池塘。

沿池廊直出即抵达船厅，是清晖园古建筑中的精华所在。船厅也叫旱船、旱舫、不系舟，是我国园林模仿画舫的特有建筑，船厅的前半部多三面临水，船首常设有平桥与岸相连，类似跳板，令人处身其中宛如置身舟楫的效果。

清晖园的船厅纯为旱船，相传是模仿清代珠江河上的画舫紫洞艇建成的两层楼舫，成为"船厅"，分船头、船舱和船尾，这在我国建筑设计上是唯一的特例。

它与惜阴书屋和真砚斋南楼组群，借一带廊与旱桥连通，以百年紫藤相系，曲折通道两侧饰以水波纹，船舫神形已是具毕。

船厅原是小姐绣阁，传说当年园主人有一位千金小姐，貌美如花，举止贤淑，精通诗书，善弄琴画，父母视若掌上明珠，特建此楼作为小姐闺阁，别称"小姐楼"。

小姐的绣阁与南楼形成船的前舱后舱。在船厅门的正面，雕有绿竹数竿，厅内花罩镂空成两排芭蕉图案。蕉下石头上雕刻得栩栩如生的蜗牛。

在船厅前，有两口池塘，似将楼船浮在水中，船尾有丫环楼，船头栽有一棵沙柳，柳边有一紫藤，犹如一条缆绳。船厅后边，还有一棵白木棉树，以其花淡黄近白而称奇，因为木棉树一般开红花。

此外，清代著名书法家乾隆帝之子成亲王爱新觉罗·永瑆当时亲手所书船厅下面的匾额"绿云深处"，形象地描绘出了四周绿树掩映之清幽景致。

与船厅跰足而建的是惜荫书屋和真砚斋相连的一组园林小筑，此组庭院式书斋为昔日园主供族中子弟读书及接待到访文人墨客之所。园主家历代不乏学业有成之人，"惜阴书屋"寓勖勉子弟珍惜光阴、发奋攻读之意。

其中，"真砚斋"的匾额是原来由清代湖南书法家何绍基所题，因日久而损毁，后来重写。

在荷塘东边，曲径逶迤欲左先右，石引飞虹欲上先下；园林中每一亭轩都与其他景点成对景。其中，有一花亭，景象非同一般。近处苔侵石岸绿水漾落花

成亲王（1752—1823），全名爱新觉罗·永瑆，是乾隆的第十一个儿子，嘉庆皇帝的哥哥，他在嘉庆年间担任军机处行走。他初学赵孟頫的书法，后来学习欧阳询的书法，并临摹晋、唐、宋、明各家书法，以楷书、行书著称于世，是清代著名的书法家，与翁方纲、刘墉、铁保并称乾隆四家。

■ 广东佛山清晖园的荷塘

■ 广东佛山清晖园

灰塑 俗称"灰批"，材料以石灰为主，作品依附于建筑墙壁上沿和屋脊上或其他建筑工艺上，是岭南传统建筑装饰工艺，以明清两代最为盛行，尤以祠堂、寺庙和豪门大宅用得最多。灰塑工艺精细、立体感强、色彩丰富；题材广泛，通俗易懂，多为人们喜闻乐见的人物、花鸟、虫鱼、瑞兽、山水及书法等。

红，远处曲廊连堂榭修墙衬垂柳。

花亭在结构上非常有特点，它是为了使亭内仰视平面与四角攒尖灰塑瓦顶风格一致，达到归隐脱俗的意境，免却常见的彩绘天花藻井，从而采用"不露望砖木椽者，覆以板纸，"被称为"仰尘""顶格"的做法。

由荷塘旁的一扇最古老的小门可进入清晖园的"读云轩"，门额上面"清晖园"三字是按李兆洛的真迹托版。

读云轩主体建筑是清代岭南豪宅的客厅，体现了当时龙家豪宅的气派。瓦面构造层层叠叠，融合了我国亭台楼阁"明标暗拱"的特点。

读云轩客厅外，经其左边的回廊，可以欣赏品味到读云轩的石趣，正所谓"读者品也，石乃云根"。

读云轩中满布形状各异的石头，或突起于跨塘花墙的洞窗脚旁，或吻嵌于围池砖基中间，或兀现于砖砌花台之上，处处是石，各呈其趣。其中有产自安徽灵璧市的"灵璧石"，这种石坚硬如钢，色泽丰富，形态怪异；

此外，还有产自山东沂蒙的"龟纹石"，广东英德的英石和广西的钟乳石，每块石头均有相当丰富的欣赏价值。古语说，石头是云的根，意思是山间云霭都是从山石上袅袅升起的，这大概就是读云轩名字的来由了吧。

距读云轩不远处，有一座高耸的石山叫"凤来峰"。它是以古代经典的"风云际会"石山构图，并且以宋代被列为贡品的山东花石岗石砌成，一共用去了近3000吨石，全高12.8米，是广东最大、最高的花石岗山石。

在凤来峰石山上，辟有小径，一棵古榕穿山破石而长，还有瀑布，凌空飞泻而下，全景达到了静中有动，动中有静，气势不凡，遂有人造宛如天开的境界。

凤来峰下的水池处有几块"汀步"踏石，由此可进入山洞，它是考究细水长流的古井。瀑布下的长形大湖被石桥和波形花墙隔开。

读云轩的一边水平如镜，凤来峰的一边水花四溅，流波不倦，一湖之上竟有动静两种景观。

在这里，可以登上凤来峰，俯览清晖园的全景；也可以在水边的走廊上休息，品味周围的灰塑。

广东佛山清晖园

■ 广东佛山清晖园
假山

屏风 古时建筑物内部挡风用的一种家具，所谓"屏其风也"。屏风作为传统家具的重要组成部分，历史由来已久。屏风一般陈设于室内的显著位置，起到分隔、美化、挡风、协调等作用。它与古典家具相互辉映，相得益彰，浑然一体，成为家居装饰不可分割的整体，而呈现出一种和谐之美、宁静之美。

从凤来峰下，经一段曲折清幽的小径，即可转达沐英涧。沐英涧主要由游廊、小桥、花径、假山、荷塘和水榭相结合。由沐英涧小门、有一面扇形花墙游廊，可去石拱桥上。花墙上的几扇大窗，每扇都用铁花、金箔、陶瓷巧妙地装饰，每个扇窗从不同方位望进去都有一番景色，好似一幅幅扇画，达到步移景换的设计效果。在其左手边有座半月亭。

中央的玲珑榭是整个园林中最具特色的建筑之一。它置在八角环流的池水中央，室外混种各种名花异木。置身于玲珑榭中欣赏周围的景色，无论是何时节，都可以闻到四面八方吹来的花香，所以这里题有"八表来香"的牌匾。

玲珑榭室内八面全是木制装饰的玻璃窗格，窗门上有八块红片玻璃，是清晖园留下的清代玻璃制品。玲珑榭的周围有四座按坐落方位分别以"春、夏、秋、冬"命名的石山。

坐落在西面的是"秋石"，用黄石所造，旁边种有枫树、乌柏、桂花、紫藤等植物，渲染秋天气息；坐落在北面背阴之地的是"冬石"，石料取自江苏太湖石，石面泛白，有雪景之意，构图选用元代袁江的"富贵玲珑石"，作一屏风状；东南面置于晨光可照之处的是"春石"，以英德石所造，配以松皮石造成的石笋，周围再种上竹树和灌木，突出纤弱和清秀的感觉；"春石"后面是"夏石"，也是本园的主峰凤来峰。

清晖园内多处都有"岁寒三友"之一的形象，处处表现着园主对高节虚心的竹有着独特的崇敬，或是借物咏志，对此园主还嫌不够，于是在庭园深处南楼后又另辟一院落，名为"竹苑"。

竹苑紧靠沐英涧，是清晖园里的又一个园中园。竹苑地幅狭长，广植修篁。竹影婆娑应风入，蝉鸣短长景更幽；巷院尽处，玲珑壁山迥峰卷云，袖珍眼泉甘洌清甜；竹苑内建筑小巧而精美，有许多清代的艺

岁寒三友 古时指松、竹、梅三种植物。因这三种植物在寒冬时节仍可保持顽强的生命力而得名，是我国传统文化中高尚人格的象征，也借以比喻忠贞的友谊。与此同时，岁寒三友还常用于作画的题材，而且画作多以"三友图"命名。

■佛山清晖园景物

■ 广东佛山清晖园
小洞门

典故 原指旧制、
旧例，也是汉代
掌管礼乐制度等
史实者的官名。
后来一种常见的
意义是指关于历
史人物、典章制
度等的故事或传
说。典故这个名
称，由来已久。
最早可追溯到
汉朝，《后汉
书·东平宪王苍
传》中记载：
"亲屈至尊，降
礼下臣，每赐宴
见，辄兴席改
容，中宫亲拜，
事过典故。"

术品及题词。在竹苑小径的一道小洞门门额上方塑有
"紫苑"二字，小洞门的两侧塑有对联一副：

风过有声皆竹韵；
月明无处不花香。

在小洞门背面，两旁装饰着灰塑绿色芭蕉叶，叶
上刻有一副对联：

时泛花香溢；
日高叶影重。

竹苑遍种花竹，清静幽雅。竹苑通道的尽头左面
是"笔生花馆"，馆的命名出自于李白"梦笔生花"
的典故，寓"学业有成，文才出众"之意。

龙家重视后代的教育，龙家子弟也参透"真砚斋"求实之意，谨守"惜阴书屋"的勤奋之旨，于是达到"笔生花馆"才华高超之境。

在竹苑通道的尽头右面，筑有狭长的大型壁山，山中有一小洞，只容一人通过，故名"斗洞"，古人亦曾以"既有狮山，有斗洞"来解释"斗洞"的来由。

这一石景设置得非常巧妙，既分隔了空间，又能遮阳避光，实在是不可或缺。斗洞旁边的"归习寄庐"是清代岭南一代书法名家、咸丰年间进士李文田辞官归故里时所题；

由竹苑潜斗洞出，是由"归寄庐"和"小蓬瀛"与木楼组成的另一院落。右厢是"归寄庐"，龙氏卸任赋闲聊寄旧寄庐。"归寄庐"牌匾是均安上村咸丰探花李文田所书。

进士 我国古代科举制度中，通过最后一级朝廷考试的人称为进士。是古代科举殿试及第者的称呼。意思是可以进授爵位的人。隋炀帝大业年间始置进士科目。唐代也设此科，凡应试者称为举进士，中试者都称为进士。元、明、清时期，贡士经殿试后，及第者皆赐出身称进士。

■ 广东佛山清晖园走廊

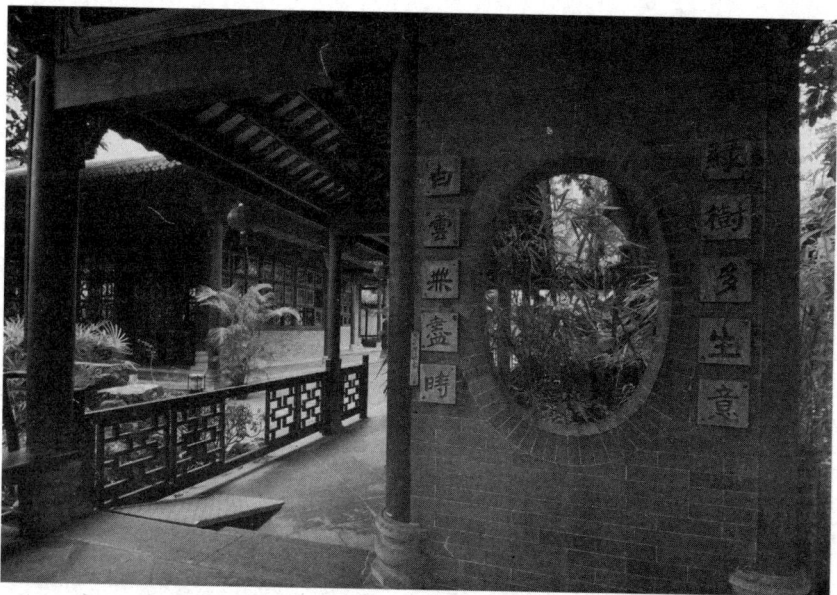

"归寄庐"与"小蓬瀛"直廊相接。在两座建筑中，"小蓬瀛"位居其左。蓬瀛为蓬莱和瀛洲的合称，是传说中海上的仙岛名，寄寓园主人清高脱俗的心迹。

"小蓬瀛"厅堂装饰着一幅大型彩绘木雕作品《百寿桃》，上刻仙桃一棵，枝繁叶茂，硕大的"仙桃"透出熟透的红晕，衬出满堂喜气，是一幅民间色彩很浓的艺术珍品。它与"大金鱼"和"白木棉"号称当时的"清晖园三宝"。

在这座木雕《百寿桃》树上，实雕桃子99个。据说，民间讲究"寿"不能满，而"百"是个满数，所谓"人生不满百"，寿满便是寿尽，又因"藏"与"长"谐音，桃子又是寿命的象征，"藏寿"也就暗示了"长寿"，再加上99又切合了长长久久之意，因此，"蟠桃树上有99只仙桃"的说法深得人心，并流传下来。

小蓬瀛旁边有一木楼，是两层的砖木结构楼房，装修精致华丽，古色古香，镶嵌着图案华美的木格彩色玻璃的窗户。

阅读链接

通常，"百寿图"由100个字构成，而清晖园中龙家子弟所作"百寿图"在碧溪草堂木雕圆门两侧的玻璃屏门下的池板上，各刻有48个形象各异的"寿"字，两边加起来也才只有96个"寿"字。而且，这"百寿图"还与"大金鱼"和"白木棉"被号称为"清晖园三宝"。

为啥会这样？据说，这"百寿图"没验完，园主就勃然大怒了。但听工匠解释："图中的'九'就是'久'，'六'就是'禄'，福禄长久，大吉大利。还有四个寿则藏起来了，而'藏寿'就是为了'长寿'。左右两扇墙各藏一个大寿，一个藏在你身上，一个藏在我身上。"园主听了大喜，于是给工匠付了双倍的工钱。

东莞可园

东莞可园位于广东东莞西博厦村，为莞城人张敬修所建，始建于1850年，至1864年才基本建成。

东莞可园是岭南园林的代表作之一，它与顺德清晖园、佛山梁园和番禺余荫山房合称清代"粤中四大名园"。

东莞可园面积2204平方米，外缘呈三角形，绕以青砖围墙。园内有一楼、六阁、五亭、六台、五池、十九厅、十五间房，其名多以"可"字命名，建筑主要是水磨青砖结构。园内最高建筑为可楼，高17.5米，在其顶楼邀山阁上，凭窗可眺莞城景色。

张敬修隐退期间陆续建园

1824年，张敬修出生于广东东莞博厦。在清道光时期，他按清朝惯例，用钱捐了个同知，后因在东莞修炮台有功，被派往广西做官。1847年，他因弟弟病逝母亲需要奉养而辞官退隐。

1850年，张敬修从冒氏家族购得冒氏宅院，始建园林。据说，为

树木繁茂的可园

■ 东莞可园的庭院

了修建园林，张敬修不惜四处借贷。关于张敬修初建园林时的情形，他的朋友、岭南画派的祖师居巢曾写有小诗一首：

> 水流云自还，适意偶成筑。
> 拼偿百万钱，买邻依水竹。

1856年，张敬修进军浔江，在船上督战时右腿被炮弹击中，败退至平南，因而以伤病为由，再度辞职回乡，对园林进行了扩建。

随着张敬修1847年、1856年的两次返乡，园林终在1858年全部建成。而1856年的这次扩建，大约花了三年时间。就在当年，张敬修再次官复原职，不久就署理江西按察使。

1861年，张敬修兼署江西布政使司，后因病回到东莞。此后，他便苦心经营这座园林，取名"可园"，他亲自参与可园的筹划，聘请当地名师巧匠，

布政使司 为明清两朝的地方行政机关。明朝时为国家一级行政区，简称布政使司、布政司、藩司，俗称"省"，负责一级行政区的民事事务。清朝沿袭明制，保留各承宣布政使司，但布政使司辖区直接通称为"行省"，并在各省布政使之上设置固定制的总督、巡抚掌管全省军民事务。

■ 东莞可园池塘

园林千姿

岭南园林特色与名园

美人靠 也叫"飞来椅""吴王靠",学名"鹅颈椅",是一种下设条凳,上连靠栏的木制建筑,因向外探出的靠背弯曲似鹅颈而得名。通常建于回廊或亭阁围槛的临水一侧,除休憩之外,更兼得凌波倒影之趣。其优糯曼妙的曲线设计合乎人体轮廓,靠坐着十分舒适。

模仿各地名园,形成独具一格的岭南园林。直至1864年他病逝于可园里。

虽然可园占地面积不大,但园中建筑、山池、花木等景物却十分丰富。

可园外缘呈三角形,虽是木石、青砖结构,但建筑十分讲究,窗雕、栏杆、美人靠,甚至地板亦各俱风格。楼宇之间高低错落,起伏有致。

庭园空间处处相通,曲折回环,扑朔迷离。空处有景,疏处不虚,小中见大,密而不逼,静中有趣,幽而有芳,鸟语花香,加上摆设清新文雅,占水栽花,极富南方特色,是广东园林的珍品。

可园设计精巧,把住宅、客厅、别墅、庭院、花圃和书斋等,艺术地糅合在一起。造园时,运用了"咫尺山林"的手法,故能在有限的空间里再现大自然的景色。在2200平方米、就是人们通常所说的"三亩三分"土地上,可园建筑面积1234平方米,亭台楼阁，山水桥榭，厅堂轩院，一并俱全。

可园占地虽小，但整体空间布局合理，小巧玲珑，园中建筑、水池、登台、假山比比皆是；考虑到岭南特有的气候，其中绿化、蔓藤十分丰富繁盛，相得益彰，既美化建筑环境，也能在闷热的夏季享得幽幽凉意。

可园的造园意旨在于"幽"和"览"。建筑空间曲折丰富，游览颇有趣味。

可园的第一大特点是：四通八达。把孙子兵法融汇在可园建筑之中，成为整座园林的一大特色。

全园亭台楼阁，堂馆轩榭，桥廊堤栏，共有130多处门口，108条柱栋，整个布局有如三国孔明的八阵图，人在园中，稍不留神，就像进入八卦阵一般，极可能迷失路径。

可园的第二大特点是：雅意文风。张敬修虽然身任武职，但对琴棋书画造诣颇深。所以整个庭园虽偏于武略，但局部都显得文风雅意极浓。

全园共有1楼、6阁、5亭、6台、5池、3桥、19厅、15房，其名多以"可"字命名，如可楼、可轩、可堂、可洲等。

所有建筑均沿外围边线成群成组布置，"连房

八阵图 传说是由三国时蜀汉丞相诸葛亮创设的一种阵法。相传诸葛亮御敌时以乱石堆成石阵，按遁甲分成生、伤、休、杜、景、死、惊、开八门，变化万端，可挡十万精兵。他的"八阵图"吸收了井田和道家八卦的排列组合，兼容了天文地理，是古代不可多得的作战阵法。

■东莞可园的亭阁

■ 东莞可园栖楼阁

广厦"围成一个外封闭内开放的大庭园空间，集居住、休闲于一体，住宅与园林有机结合。

根据功能和景观需要，建筑大致分三个组群：东南门厅建筑组群，为入口所在，是接待客人和人流出入的枢纽。以门厅为中心还建有草草草堂、擘红小榭、葡萄林堂、听秋居等建筑。

西部楼阁组群，为款宴、眺望和消暑的场所，有桂花厅又称可轩，双清室、厨房和侍人室。

北部厅堂组群，是游览、居住、读书、琴乐、绘画、吟诗的地方。临湖设游廊，题为博溪渔隐，另有可堂、问花小院、雏月池馆、绿绮楼、息窠、诗窝、钓鱼台、可亭等建筑。

由四周建筑所围成的中心大院被划分为西南、东北两个园区。西南园区主要景物有岭南果木、曲池、湛明桥；东北园区平面较方正，有假山涵月、兰花台、滋树台、花之径等景点。环绕庭院布置有半边廊与环碧廊，将三大建筑组群紧密地连接在一起。

园门前有一片莲塘，塘边有侍人石和当年系马停轿的处所。在可园的正门口，门额上有张敬修的亲笔书法"可园"两个大字，每字都是一笔写成，写得苍劲有力，足见他的艺术功底之深厚。在正门两旁，原

空门 佛教以观察诸法"空性"为入道的法门，故称"空门"。一切事物从因缘相待而产生，没有固定不变的自性，虚幻不实，谓之"空"。佛经说，进入"涅槃城"，内有空门、无相门和无作门三个门。"空门"的内容很多，有我空、法空、有为空和无为空等。

来镌刻着一副对联：

未荒黄菊径；

权作赤松乡。

上联用东晋文学家陶潜"采菊东下，悠然见南山"的典故，下联用西汉高祖刘邦的重要谋臣张良帮助刘邦建立汉朝后急流勇退，遁入空门，自称"赤松子"的故事，表达出张敬修这位可园主人名为隐退，实欲复出的心思。

入正门穿客厅向右，就是著名的"草草草堂"，是张敬修为纪念自己的戎马生涯所建。他回忆自己领兵打仗时，吃、住、睡、行等都草草了事，所以建了这间草草草堂。

当然，张敬修用"草草草堂"之名，也是想作为他的做人格言，时时提醒自己：衣食住并不一定要讲究，但做人的品行和办事，可绝不能草草。

草草草堂的建造相当精细，由此可见草草草堂并非草所建。在草草草堂的有一面墙上，有用阶板砌成的壁橱，墙根上还有岭南画派祖师居巢、居廉客居于此，作画留下的颜色斑点痕迹。

据史料记载，后来，可园声誉远扬，其中就同客居草草

■东莞可园的古楼

草堂的张居巢和张居廉两位先生有很大的关系。张居巢和张居廉俗称为"二居"，他们当年都是张敬修为官时的幕僚。

晚清岭南画家居巢跟随张敬修17年之久，如影随形，晚年客居可园，对景写生，创造了"撞水撞粉法"，以"撞水"法写枝叶，表现出叶子和枝干的阴阳凹凸的变化；以"撞粉"法画花朵，使得花朵枝叶潮湿润泽，表现出花卉的轻盈滋润、鲜活欲滴，形成了"居派"的典型风格。

自小师从堂兄居巢习画的岭南画家居廉，应张敬修、张嘉谟叔侄之邀，客居东莞多年，在可园对花写生，画艺大进，创作了许多的精品，奠定了他在画坛的地位。

后居廉回乡筑"十香园"，养花蓄石，专心作画，并设馆授徒，声名彰显，桃李众多，为岭南画派开创先河，使可园成为岭南画派策源地之一。后来的岭南画派宗师均出自他的门下。

在清代时期，佛山梁园、顺德清晖园、番禺余荫山房和东莞可园合称广东四大名园。其中，只有可园是张敬修独自所创，其余几园则

■东莞可园古建筑

都是一个当官的家族累代所建成的私家园林，而可园的意义又远远不只是私家园林那么简单，因为它孕育了著名的岭南画派，是岭南文化的策源地。

东莞可园邀山阁

擘红小榭，为一座依屋而设的六角形"半月亭"，在可园正门门厅之后，与门厅呈一中轴线。

从擘红小榭左行，便是一长廊，名叫"环碧廊"。环碧廊的开端就设在"擘红小榭"之中。这是一条环贯全园的走廊。

"环碧廊"虽不起眼，却将园内建筑组群有机地连通在一起，成为全园的纽带。沿着"环碧廊"，无论何时都可以畅游全园。循环碧廊徐徐观赏，可看到拜月亭、瑶仙洞、兰亭、拱桥，以及藏书阁、钓鱼台、曲桥、小榭等，可说是处处有景，景景不同。

阅读链接

传说，张敬修建可园之前，本想取园名为"意园"，即"满意，合心意"的意思。

可园竣工后，张敬修邀请文人雅士前去聚会、庆贺。在引领众人游览全园后，张敬修便在筵席上征集客人们的意见。或许，可园建得太美了，客人们竟一时找不到合适的词语来赞美，又不好先表态，于是就都应答说："可以！可以！"

言者无意，听者有心。张敬修见大家一致认为"可以"。而且，"以"与"意"近音，"可"在"意"前，比"意"的意义更胜一筹，于是他就把"意园"改成"可园"，寓意可园是"可以的园子"，以表自谦。

独具匠心风格独特的园林

在可园内，经碧环廊前行，可达双清室，其名取"入镜双清"之意，说是人和环境之间的和谐。双清室四周的彩色玻璃，有四种颜色，分别代表着春夏秋冬四季。

当阳光照射在彩色玻璃上，非常地漂亮，同时也降低了阳光的强

■东莞可园建筑

■东莞可园

度。在清代时，玻璃还是比较昂贵的物品，而这些彩色玻璃是张敬修当时从西欧、法国和意大利进口而来。

双清室进深6.4米，面阔6.15米，为歇山顶式建筑，结构精巧，四角设门，便于设宴活动。整个双清室的平面布局、地面砖、窗户的结构，皆用一个繁体的"亞"字，呈"亞"字图形，相传"亞"字是吉祥之字，所以双清室又叫作"亚字厅"。

双清室是可园的一大胜景，是园主人用来吟风弄月的地方。据说，其名来源也是园主人根据堂前湛明桥翠，曲池映月之景，而命名"双清"。双清室有联：

竹荷并茂；

入境双清。

歇山顶 即歇山式屋顶，宋朝称九脊殿、曹殿或厦两头造，清朝改今称，又名九脊顶。为我国古建筑屋顶样式之一，在规格上仅次于庑殿顶。歇山顶共有九条屋脊，即一条正脊、四条垂脊和四条戗脊，因此又称九脊顶。由于其正脊两端到屋檐处中间折断了一次，分为垂脊和戗脊，好像"歇"了一歇，故名歇山顶。

■ 东莞可园"双清"室

园林千姿

岭南园林特色与名园

游廊 指连接两个
或几个独立建筑
物的走廊。游廊
在北京四合院中
分为四种：中门
东西两侧转弯通
向东西厢房的是
抄手游廊；东西
厢房向北拐弯通
向正房的是窝角
廊；东西厢房和
正房前有檐廊，
与抄手游廊和窝
角廊相连而形成
一个"合"字；
还有一种走廊是
纵深或横向的，
用来连接两个以
上的院落。

"双清"之后，是"问花小院"，是主人的后花园，为主人的赏花之处。问花小院内有两副对联，其中一副对联为：

> 击筑为声，应教才调成高调；
> 问花不语，似是无情却有情。

另一副对联为：

> 可赏柳塘一碧；
> 园藏入境双清。

顺环碧廊步出"问花小院"，来到一处广阔空间，园中花丛果坛，满目青翠，被称为"壶中天"。壶中天无任何建筑，它是依倚着四面的楼房而形成的一方独立的空间，是园主人下棋喝茶的小天地。

从壶中天出后庭，是曲尺形状的广阔可湖，临湖设有游廊，题"博溪渔隐"。沿游廊可至雏月池馆船厅，湖心可亭等处，饱览可湖的湖光秀色，让人身心大畅。岭南派画家居巢对此处的意境咏为：

> 沙堤花碍路，高柳一行疏；
>
> 红窗钩车响，真似钓人居。

可堂是可园的主体建筑，也是可园最庄严的建筑，为园主起居之处。可堂紧邻可湖，楼高15米多，面宽9.9米，进深9.1米，歇山顶，三开间，六角形支摘窗，梅花纹落地罩，横披、裙板浅刻花卉寿石纹、通雕莲蓬鸳鸯纹图。四条红石柱并列堂前，显得气派不凡。

可堂的底层大厅名为"可轩"，是张敬修当年款待宾客的高级厅堂，轩内设有餐厅。此房全以木雕为饰，不仅门罩透雕成桂花形，地面地板与落地罩装饰也是桂花图案，因此，可轩又称"桂花厅"。

可轩的地板用板砖与青砖加工，打磨光滑，拼凑针插不入。据

■东莞可园"可堂"

东莞可园"可轩"

说，在兴建可轩地板时，张敬修要求每个工匠每天加工不得超过两块，多了不但不赏，反而要罚，因此保证了地板做工的质量，所以后来一直完整无缺。

在"可轩"地板中间，曾留有一个小孔，是主人为客人送风送香的通道。小孔下面装着一根钢管，连通着隔壁小房。

当年，主人在隔壁小房放一个鼓风机，有仆人在隔壁的小房里用鼓风机鼓风，鼓风的时候再加上些桂花的香料，风由地下的铜管慢慢冒出，凉风阵阵，香气四溢。

在可堂外，左右两廊设长花基，秀丽中蕴藏着庄严肃穆。可堂右前方设一小台名"滋树台"，为专门摆设盆景之用。

可堂外正中筑一大石山，状似狮子，威武雄壮，其间建一楼台，人称狮子上楼台。每逢中秋佳节，月圆之夜，人们登台赏月，可尽览秋色。再往前行，环碧廊便到尽头。

可堂与可轩相依为邻，其中设有一口小金鱼池。可轩的侧旁还设有石梯级，盘曲可上绿绮楼，还能通达可楼。

绿绮楼位于可楼下面，是主人弹琴之所，也是女眷居住之地，人称"小姐楼"。

相传清咸丰年间，园主人得了一台出自唐代的绿绮琴，名"绿绮台琴"，此琴在明代时曾是明武宗朱厚照的御琴。为了收藏此琴，张敬修专门建修了此楼，命名为"绿绮楼"。

可楼是可园的最高建筑，也是清代时东莞县城及广东四大名园中最高的建筑，木质结构，四层，高17.5米，是可园的标志。

整个可园无论在建筑，还是意境上，都包含了可以、可人、无可无不可这三层意思，因为园主人张敬修在仕途上三起三落。所以他教育子孙在仕途上可行则行，应止则止。整个园区除了可轩，还有可亭、可舟、可堂等一系列以可字命名的建筑。

可楼的两侧，设有石级可上下通达。沿楼侧石阶可登临顶楼第四层的邀山阁，此处是主人观览远近景

木雕 是雕塑的一种，是用木头雕刻而成的人或物。在我国常常被称为"民间工艺"。木雕可以分为立体圆雕、根雕、浮雕三大类。有圆雕、浮雕、镂雕或几种技法并用。一般选用质地细密坚韧，不易变形的树种如楠木、紫檀、樟木、柏木、沉香、红木、龙眼等。

■ 东莞可园"可湖"

■东莞可园邀山阁

物的最佳处，其名取"邀山入阁"的意思。

邀山阁为碉楼式，雕梁画栋，造型秀丽。楼阁为水磨青砖结构，地铺褐红砖阶，缀以花台、假山，由环碧廊贯串起来，构成整体。

邀山阁，又被当地百姓称为"定风楼"，因为它四面通窗，仅以十根木柱放在十个石墩上，虽无一钉一铁，但经历百年安然无恙。

在可楼登楼眺望，俯瞰全园，园中胜景均历历在目，犹如一幅连续的画卷：楼前长河尽收眼底。园后可湖，绿波荡漾。纵目远眺：博厦一带山川秀色尽入眼底，是吟诗作画的好地方，深得借景之妙。

相传，张敬修特别酷爱可楼，临终前还吩咐家人将他抬到可楼的顶层邀山阁，环看四周后方阖眼离世。

阅读链接

有关"可园"之名，相传有三解。除园主表示自谦，而赞同友人们都含糊其辞的"可以！"之说外，还流传有两种说法。

一是"可人"之说："可"字原本就有可人心意、合人心意之解，"花能解语还多事，石不能言最可人"，而岭南园林讲究的正是那种清静幽雅、可人适意的境界。

二是"无可无不可，模棱两可"之说：它出自园主官场宦海三起三落的经历，"再仕再已，坎止流行，纯任自然，无所濡滞"，取名"可园"，以图寓意后人在仕途上可行则行，应止则止，乐天安命。

桂林雁山园

雁山园始建于1869年，是清代广西桂林士绅唐岳的私人园林，名为"雁山园别墅"。 1911年清代两广总督岑春煊买下此园，经修缮扩建，改名"雁山公园"。

"桂林佳境，一园看尽"。在雁山园这个约20万平方米的大园子里，桂林山之秀、水之丽、洞之奇、树之异全部可以看到，所以称之为桂林的缩影。相传雁山园刚建成，就被誉称为"岭南第一园"。

唐氏与岑春煊建雁山园

1865年，临桂县大冈埠村的士绅唐岳，以40万两白银购下"岭南之西，苍梧之野，秘桂之林"的漓江秘境这块宝地后，于1869年开始建造私家园林，直到1872年方告竣工，园名为"雁山别墅"。

桂林雁山园

1900年，广西西林县壮族人岑春煊，因日夜兼程赶到西直门勤王，一路护送慈禧太后和光绪皇帝平安到达山西、西安等地有功，岑春煊先后被封为陕西巡抚、山西巡抚。岑春煊的官位一下子从四品跳到二品，最后到一品，成为清朝著名的封疆大吏、两广总督。

在这期间里，52岁的唐岳被清廷征调，带兵打仗，最后客死他乡，再也没有回到雁山别墅。后

■桂林雁山园走廊

来，雁山别墅在他的儿子唐子实主持下，因其西面为秋，寓意为"种子和果实"，把雁山别墅定位为"子实园"，但此后仍然一直没有大的起色。

1907年，唐子实以4万两白银卖给了当时的两广总督岑春煊。购得雁山别墅的当年，岑春煊延续了唐子实之前的子实园之说，希望自己的后人，也像种子和果实一样散布开来，长大成为国家的栋梁。

此后，岑春煊对园林进行了大规模的修缮与扩建，把它打造成了一座"五园之园"，共分为：东、南、西、北、中共五个园子。

岑春煊别号西林，于是他将雁山别墅先改名为"西林花园"，后又更名为"雁山园"。

在改造园林的过程中，他采取了很多阴阳平衡的策略，如采用《周易》方向定位的布局，遍布园中。其中，最重要的就是采用了"龙道"平衡之法。

重建后的雁山园占地南北长500多米，东西宽330多米，面积达15公顷。其园地结构是"真山真水型"

两广总督 清朝官职名称。正式官衔为总督两广等处地方提督军务、粮饷兼巡抚事，是清朝最高级的封疆大臣之一，总管广东和广西两省的军民政务。其辖区范围、官品秩位以及归属地方编制都十分明确，在整个国家的政治生活中发挥着重要的作用。

■桂林雁山园

的园林。

桂林一带地质属喀斯特熔岩，石山平地兀起，屹立奇秀，园中山形似鸿雁蹲伏，有头有尾，似假山而为真山者，墟因以为名，而园亦是称。相思江从园里流过，为溪为湖，两岸桂丛柏木荫盖，池荷香馆，山清水碧，景致天然。岩石余脉随地裸露，暗泉涌出。

雁山园突出地表现出桂林山水之山奇、洞奇和水奇的特征，规划设计结合田野山舍，融山林郊野和村庄园亭于一体。建筑物大都依山临湖，原布局除厅堂轩馆亭阁楼台外，遍设山廊、水廊、复廊等。

雁山园选址在后来市区20千米外的城郊，当时有驿道可通，紧靠集镇，生活交通都很方便。园内有方竹山、乳钟山、桃源洞、碧云湖、清罗溪等自然景观，建有涵通楼、澄砚阁、碧云湖舫等亭台楼阁，理水掇石，人工和自然浑然一体。

雁山园内地形起伏变化，湖塘星罗棋布，有利于创造丰富的园林景观，在造园上首先得了地利之宜；园内山石嶙峋，奇岩幽洞，甘泉清洌，湖溪兼备，得真山真水之妙。

"巧于因借"是该园的特点之一：一借"雁山春红"的植物景观，二借"雁落坪沙"的奇特山水。水源岭及周围石山上的各种野生杜鹃在三四月间盛开时，满山遍野万紫千红，蝶舞蜂鸣，借入园内，观之春意盎然，令人心旷神怡，这就是"雁山春红"借景之妙。

利用雁山村水源岭一带之土岭石山的外形轮廓线，南北叠位，高低错落，精选在园内游览线的交叉点玄珠桥上可观山形的最佳综合轮廓线，形似大雁展翅东飞，形象生动。加上园内稻香村的田野菜地烘托，遂成"雁落坪沙"之绝色景观，形成无限风光在雁园之势。

利用借景入园的手法，极大地丰富了园内景色层次和景观视域，使园内外景色互相渗透，他为我用，融为一体。但凡私家园林，均在满足园主"可望、可行、可游、可居"的功能前提下来进行布局。

"画者当以此意造，而鉴者又当以此意穷之"，"一花一石位置得宜，主人精神已见"，"园以景胜，景因园异"，"三份匠意，七分主人"，这都是园林中的布局、构图、组景与园主的关系问题。

雁山园是按照我国古代传统的造园理论和美学观，结合利用自然的山、水、岩洞、石、花草、树木创造出了高于自然的园林境界。雁

■桂林雁山园内雕像

岭南园林石桥

山别墅书大门楹联：

> 春秋多佳日；
> 林园无俗情。

  雁山园利用天然的山水和植物景观写出了这副楹联的意境。

  全园布局自由活泼，各景区各建筑之间以园路或桥廊贯通，形成了层次丰富的环形游览路线。园路多用青料石和天然卵石铺砌，随地形起伏变化，图案有异，曲径连幽。

  因地制宜，天然成趣全园为自然山水，地形起伏变化。根据布局和构图的需要，利用乳钟山作屏障，其造型宏伟瑰丽又省人力外，还利用低湿洼地和小水塘，疏竣整理成湖成溪或稻田，地尽其利。

  湖塘池岸或利用天然山石为岸，或保留自然土岸，在流水冲刷之处，巧妙地利用天然块石干垒成景。

  溪南端是自然山石岸，北端以自然土岸为主，间夹天然生根石，曲折开合有变，效果极佳。唯中段稍平直，欠变化，多用粗料石干垒，偶夹自然山石，尚留人工斧凿痕迹，但呈弧线变化，并以树木藤蔓覆盖，半掩半露，得以补拙。

廊榭桥柱，因地制宜，多用粗料石干垒，粗犷自然，与环境和谐统一。横跨清罗溪复廊下的桥墩，碧云湖中的曲廊、湖舫、水榭及绣花楼旁的水榭，其水中柱墩均系粗毛料石干砌而成，既美观粗犷，又经久实用。

雁山园的园林建筑既具江南园林建筑的典雅，更以岭南园林建筑的敞朗见长。根据清代农代缙所绘制的雁山园图可以看到，全园建筑是根据功能、地形及景观的需要布置，与环境结合紧密，既无庭院感，也无中轴线，园林建筑占全园总面积比重较轻。园内楼阁厅榭，多为歇山大屋顶，也有少量硬山、卷棚和重檐的。

全园的绿化配置，除保留石山上的天然植被和名木古树外，主要结合功能分区和造景组景需要，采用本地树种，有成片种植的，也有重点点缀的。

在方竹山上种方竹、桃源洞前植桃花、丹桂亭旁栽丹桂，桂花厅旁种有各种桂花，红豆院内重点突出红豆树等。这里有的是以景点或

■岭南园林植物

桂林雁山园

园林千姿
岭南园林特色与名园

建筑名称命题，加以重点渲染，使之名副其实又有意加强突出而配置的，有的则是以植物配置的实际艺术效果而命名的。

雁山园有各种奇花异卉和天然植被，种类丰富，林茂花繁，鸟语花香，把园内装点得分外妖娆。它不仅拥有石灰岩石山特有的植物群落，还有大量人工栽培的名贵花木品种。

尤其以方竹、红豆树、丹桂、绿萼梅最为珍贵突出，人们赞誉为"雁山四宝"，它与李林、竹林、梅林、桂花林、桃林合称的"五林"，是整个雁山园林植物配置艺术的重要特点和标志。

阅读链接

传说，1865年唐岳在建园之前，曾专门请了岭南最著名的风水师不过五为他点拨地脉，据说该地地脉属"凤脉"的一局，叫"平沙落雁"。

据不过五点脉看：该山中间的山头为雁头，两边的山脉则构成了大雁的翅膀。因而，整个山就像一只大雁，一对翅膀还没有完全收拢，正徐徐落在这个园子边上。

古时，雁为天鹅，在我国凤文化中有"五凤"之说。五凤为青鸾，是玉帝前面引路的一只凤；而五凤中最后的一只凤就是雁凤。所以，该地名为"雁山"。而"雁山园"之名正是由"雁山"而来。

相得益彰的主要建筑

雁山园全园依据地形，按照功能分区需要来组织园林空间，布置楼堂馆榭、园墙洞门，点缀奇花异卉。

园林空间多为开敞的，兼有部分封闭和半封闭的，空间相互穿插，巧加安排，使自然景观和人造景观各得其所，相得益彰。

在雁山园正西方门前，有一座与众不同的照壁，上书"岭南第一

■岭南园林小景

■ 中式园林建筑

照壁 也称影壁，古称萧墙，是我国传统建筑特有的部分，明朝时特别流行，一般讲，在大门内的屏蔽物。在旧时，人们认为自己宅中不断有鬼来访，修上一堵墙，以断鬼的来路。另一说法为照壁是我国受风水意识影响而产生的一种独具特色的建筑形式，称"屏风墙"。

名园"。一般来说，照壁都是直的，而它呈弧形，向大门外弯曲。

为何雁山园的照壁与众不同呢？据说，按照当地风水学玄关的设计而言，该地所处之地是主雁山，雁山的主要龙脉在这个地方，这个弓称为"顺弓"，就是围着自己的弓，在勘舆学上叫"有情"。

如果是反弓，则叫"无情"。这就像上古时代的后羿射日的弓箭一样，把箭射向明堂，反过来等于自己射自己，所以这个照壁如此构成。

所谓"前有照，后有靠"，就是门前有水，门后为山，这就是风水学中向来认为的风水宝地。在照壁后的正门两旁，书写有一副对联：

天行健，君子以自强不息；
地势坤，君子以厚德载物。

雁山园的风水佳境就从这个古大门开始，大门坐东朝西，是桂北典型的富贵人家的样式，三重马头墙，呈阶梯状对称立于墙顶两侧，近看一朵朵菊花镌刻在马头墙上朴素中带贵气；远看白墙绿瓦，高耸在乌砖地面之上，气势恢宏。

正门内，园中小道被称为"龙道"。龙道仿龙身而造，喻主人平步青云，一块块天然成形的青石整齐地半镶嵌在地基内，露出半边石头像龙鳞一样，透出青色的润泽。这样的路在岭南仅在此可见。

岑春煊设立的问津门是整个园子的第一道关卡。据说，岑春煊之所以设置这道门，是因为他是两广总督一品大员，他不允许谁都能随便进入雁山园。

经问津门，入园内，有一座名为"玄珠桥"的单拱石桥，曾是南明王朝秘密行宫唯一通往外面的桥，也是雁山园内的金水桥。

在玄珠桥旁有一片重阳木林。每到冬天，叶子全落了，枝条扭扭曲曲盘旋着，构成"枯藤老树昏鸦，小桥流水人家"，"古道西风瘦马"的景观，叫"冬林观雁"，因桥正对雁头而得名。

玄珠桥又称观雁桥或虹桥，是观"雁落坪沙"妙景之处。此区设施虽简，但给游人的印象是非常活泼而深入的。用如此洗练之笔法，

古典园林

勾画出这般动人的美景，真是"不著一字，尽得风流"。

雁山园全园按方位布局分为园林入口区、稻香村、涵通楼碧云湖、方竹山和乳钟山五大景区。

园林入口区，包括大门外的宽阔水面，入口广场、大门到乳钟山西面直壁，南到清罗溪一带。大门设在全园北端西面，乳钟山正对大门作屏障。既自然舒展又宏伟瑰丽，使整个雁山园隐而不露，欲扬先抑，起到了增加全园景色层次和深度的作用。

大门为一重阁门楼，背山面西北，外有一元宝形集散广场，寓意为聚宝福地。往西隔之以宽阔水面，置一拱桥引人渡入，步移景异。

至门前，透过园门可窥见重阁石壁，桂花树海，山石嶙峋，犹似一幅天然图画，引人入胜。门额上书"雁山别墅"四个大字，左右书"春秋多佳日，林园无俗情"楹联，诗情画意使人浮想联翩。

入园之后，面向石壁花丛，在赏壁之余，沿路右转向南，突见一水面，有豁然开朗之感。彼岸的水榭、绣花楼和各种花木倒映水中，颇有"半亩方塘一鉴开，天光云影共徘徊"的诗意。

湖畔有一座别致的公子楼是阳台式小楼，曾为园主儿子所居住，因而俗称"公子楼"。此区结合自然式布局设计为半封闭的园林空

■古典园林景致

■ 古典园林建筑

间。沿山路曲径可达乳钟山区，越过西南小桥，即为稻香村区。

稻香村区，位于方竹山以北，清罗溪以西一带地区。此区有稻田菜地、荷花池和稻香村，建筑是茅房陋舍风格，加之田野菜地，花篱瓜棚，具有浓烈的村野生活气息。

涵通楼碧云湖区，是全园的主要景区和高潮区。范围是方竹山以北，西至清罗溪，东至碧云湖，南至梅林桂花林区。主要建筑有涵通楼、澄研阁、碧云湖舫、水榭、长廊和亭台等。

涵通楼是全园的主体建筑，在清代岭南园林建筑中负有盛名，是园主藏书、宴客、聚友玩乐之处。是以两条二层长廊把碧云湖和澄研阁连接成一组庞大的建筑群。由于各个单位建筑位置得宜，高低错落，又以高大的方竹山作为背景加以衬托和对比，因而显得造型优美。

门楼 是一户人家贫富的象征，所谓"门第等次"也即为此意，故名门豪宅的门楼建筑特别考究。门楼的顶部结构和筑法类似于房屋，其门框和门扇装在中间，门扇外面置铁或铜制的门环。门楼的高低大小、砖瓦材质，彩绘文字、和左邻右台关系都有规定，应与身份相符。

■ 桂林雁山园"龙道"

涵通楼为歇山二层楼阁，画栋雕梁，十分堂皇，可览全园之胜。人称之为"层楼巍耸，高薨华宇，气象具细……"。

此楼是园主曾经的藏书楼，其内"藏书千卷"，是清末广西第一藏书楼。楼前设一戏台，据说四角还设有四个小亭，可以看戏。

涵通楼外有一墙院，有两门，可关闭，东临碧云湖畔有一廊榭，与碧云湖似隔非隔，使楼前成为一小独立空间，由院前往北有桂花林、绣花楼、莲塘、乳钟山，层次丰富，颇有高楼深院感觉，也造成一种闹中有静的氛围。

涵通楼后有小湖和清罗溪，隔水与相思洞相望，山石林立，颇有石林气氛，可以攀登。小湖与溪之间为一大山石所分，但水流可以连通。湖中有一组散石，水濯其间，上置一八角亭，名为"钓鱼亭"，有"流水清音"之韵意，可戏水垂钓。

另有一石栏小曲平桥与岸联通，十分雅致。楼西南有依山面水的两层楼阁，名为"澄研阁"，是园主的卧室，其装饰"精工绮丽，特冠全园"，有两层长廊曲折有致跨水与涵通楼连接，廊边有山道可登至山顶方亭，鸟瞰全园，并远眺园东奇峰。

澄研阁南山根石头上构一六角形的"棋亭"，内置石桌和石凳，用来赏景、对弈。涵通楼东设有长廊与碧云湖舫相连，使小湖与碧云湖舫一廊之隔，形成了大小水面，衬托出碧云湖深远的气象。

碧云湖中，设有一座高两层、局部三层的大水阁建筑，形若舟，谓之"碧云湖舫"，可登临凭栏眺望，观赏湖光山色和深林烟树，也可以读书、游乐、歌饮其间，为全园的重点建筑之一。

湖北岸有一重檐敞亭与之隔水相望，湖东北角设有一缀石种竹、竹影相衬、造型别致清雅的琳琅仙馆，湖西部水中有一孤石小岛，岛上植柳数棵，在湖舫内透过丝丝垂柳，隐约可见西岸水榭和涵通楼，显得层次深远。环湖建筑，亦互为因借，对景成趣。

碧云湖又名"鸳鸯湖"，为全园内最大水面，山石为岸，湖畔植柳，湖内种有"并蒂莲"。芦苇繁殖、红荷点点，画舟翩翩，翠峰倒影，微风夹歌，碧波涟漪，游鱼穿梭，景致如画。

其艺术布局体现了"山得水而活，水得山而媚"，"水无柳不韵，水无苇不秋，水无鱼不欢，水无鸟不远，水无船不活，水无亭不凉，水无荷不雅，水无瀑不丽"的造园匠意。

■ 园林古建筑

　　这里是全园之腹地，通过几道墙院、楼廊和方竹山，组成一个独立的园林空间，也为内园，加上水面的阻隔，显得十分幽静安全。

　　方竹山区系一狭长地带，主要由方竹山南坡、花神祠、桃源洞、桃林李林组成。除祭祀活动外，是纳凉、散步和读书的好去处。

　　洞因桃林而名，亦有"世外桃源"之意，岩以幽为胜，洞户弯广，苍崖壁立，洞中有洞，洞下有洞。洞西山边坡脚，为花神祠，围以短垣，其外遍植桃李。这里桃李争春，古藤方竹，奇岩异洞，清旷静谧，林茂风生，可以避暑休闲，是全园后院之后院，为全园的安静休息区及读书消暑的好场所。

阅读链接

　　据说，龙道是当年岑春煊因在护送慈禧太后和光绪皇帝到西安时护驾有功，特许建造的。

　　此外，他建这条龙道，据说与园内377米长的飞来河有关。飞来河起源于园子南端的月山，最后消失在沉鱼潭，和龙道形成了阴阳平衡的和谐点。

　　由于飞来河只有阴仪，而没有阳仪，所以岑春煊在这条河畔建了这条龙道，象征着阴龙的另外一半阳龙。而岑春煊在阴阳平衡论点上引用了孔子解说《周易》的其中一部分，即《象词》，解决了乾道、坤道，而乾道和坤道分别代表阴阳二龙。

番禺宝墨园

　　宝墨园位于广州番禺沙湾镇紫坭村，建于清末，占地约3000多平方米，后扩建至86000平方米，集清官文化、岭南古建筑、岭南园林艺术、珠三角水乡特色于一体。建筑、园林、山水、石桥等布局合理，和谐自然，构成一幅幅美丽壮观的景色。

　　宝墨园内的主要建筑有：治本堂、宝墨堂、清心亭、仰廉桥、紫洞舫、龙图馆和千象回廊等。园内除种植有罗汉老松、银杏树和紫薇树等树外，还栽植有大量的岭南盆景。园内周边还建有龟池、放生池和莲池等，带给游人美的享受。

清末为纪念清官包拯而建

　　相传，在清嘉庆年间，有一年，西江发大水，有一段黑色木头漂流到村边，人们把它放回江里，谁知下游水大，木头又回流到村边来。这种情况再三出现，人们觉得十分奇怪，便把黑木头供奉起来。

　　后来，朝廷诛除贪官和珅，社会上掀起了反贪倡廉之风。其影响

广州宝墨园原始题字

■ 广州宝墨园

甚大，以致人们自然就特别希望得到像北宋名臣、龙图阁大学士包拯那样铁面无私的清官"包青天"去治理官吏。

包拯早年为开封知府，后官至枢密副使，死后追封"孝肃"。在民间，包拯因为官清廉，专替老百姓平反冤狱，整治贪官污吏，铁面无私，被百姓誉为"包青天"。

包公在肇庆当了三年官，而肇庆在西江边上，加之民间流传说包拯面黑，人称"包黑子"。为了祭祀包青天，所以这块黑色木头便成为包公的化身，被沙湾百姓们雕刻成了包公的头像，供奉于沙湾人专门为祭祀包拯而建的包相府中。

到了清末，沙湾出了个叫包墨宝的人。据沙湾百姓传言，他为官特别清廉，堪为北宋包拯转世，于是百姓们为了感念北宋包公，便纷纷自发筹资，又在原

龙图阁大学士
为一种特殊的阁学士职名，简称"阁职"，有学士、直学士、待制和直阁四级。宋朝制度，每一位皇帝去世后，必敕建一阁，以奉藏先帝遗留的文物。其中，历史上的龙图阁学士只是个虚衔，从三品。

■ 广州宝墨园牌坊

牌坊 又名牌楼，为门洞式纪念性建筑物。是封建社会为表彰功勋、科第、德政以及忠孝节义所立的建筑物。也有一些宫观寺庙以牌坊作为山门的，还有的是用来标明地名的。同时牌坊也是祠堂的附属建筑物，昭示家族先人的高尚美德和丰功伟绩，兼有祭祖的功能。

来的包相府旁重建了一个包相府，取名"宝墨堂"。

宝墨园位于番禺沙湾镇紫坭村包相府旁边，后来，由于前往宝墨堂祭祀包拯的人太多，清廷将其改建成了园林，占地3000多平方米，易名"宝墨园"。作为开放给民众休憩的场所，它是古代番禺最早的公共园林。

宝墨园内的建筑主要有白石牌坊、九龙桥、治本堂、宝墨堂、龙图馆、清心亭、仰廉桥、紫洞舫和千象回廊等。此外，园内种植有千年罗汉老松、九里香、两面针树、银杏树、大叶榕树和紫薇树等树，还栽有大量的岭南盆景，建有龟池、放生池、锦鲤池和莲池，带给游人美的享受。

宝墨园正门的白石牌坊，高大耸立，气势恢宏，巧夺天工。高约14米，宽27米，三拱形，全部用白色、青色的花岗石砌成，重600多吨，其中横梁的石头重37吨，雕刻着狄青的故事以及吉祥兽等图案。

白石牌坊背后的横额为"宝墨生辉"，整座牌坊是一座大型的石雕艺术珍品。进入白石牌坊园门内,有座仿照北京金水桥而建的白石拱桥,俗称"九龙桥",由一座主桥、两座副桥组成,全用白色花岗石砌成,横跨在宽6米的鲤鱼涌上。

相传,"九龙桥"三字是从宋徽宗赵佶瘦金体字体中提取出来的。中间的桥有一块长7米、宽3米的大青石,雕有九条栩栩如生的龙,刀法流畅,力度坚硬,寓示着九龙腾飞,如意吉祥。

在九龙桥后面,建有一座名为"吐艳和鸣壁"的青砖悬山式一字影壁,是宝墨园门楼的附属建筑,实意是"隐蔽",目的是不让园内的情况直接暴露在外,从而营造出庄重、肃穆的气氛。

吐艳和鸣壁宽22.38米,高5.83米,由30000多块青砖雕砌而成,灵活运用了浅浮雕、高浮雕、圆雕、通雕、透雕等工艺,达到多层次、立体感强的效果。

正面是百花吐艳百鸟和鸣图案,精雕细刻了600多只形态、种类各异的鸟类,有凤凰、孔雀、山鸡、蚱蜢、蜻蜓等,还有苍松翠柏、竹子、柳树、牡丹等100多种花卉植物。全图以凤凰为中心,取"百鸟朝凤"的意思,充满勃勃生机,象征祖国繁荣富强、蒸蒸日上的景象。

■广州宝墨园九龙桥及吐艳的鸣壁

■ 广州宝墨园"治本堂"

　　影壁背面是晋代书法家王羲之的书法雕刻，分别有《兰亭序帖》《快雪时晴帖》《行穰帖》《瞻近帖》和元代书画家赵孟頫的题跋。雕刻的字体流畅自然，保持了古代书法家的精髓，笔法洒脱，如垂直悬挂的线条，所以广东砖雕有"挂线砖雕"的美誉。

　　治本堂位于影壁正后方向，原来是包公厅，就是包公办公的地方，为纪念包公而设。包公曾写过一首五言律诗《提训斋壁》。

　　治本堂以其命名，表示为官正直、清廉是治国的根本。在治本堂前的院子里，有一座紫檀木雕，正面雕有迎客松、仙鹤，表示人寿年丰，背面雕有我国著名教育家、儒教创始人孔子著名的《礼记》：

　　　　　　　　大道之行也，天下为公……

　　在治本堂厅内中央，悬挂着一幅《荷花》图，象征包拯清廉圣洁、出污泥而不染的气节，也寓意着人们对包公清廉的敬仰。堂内左侧还有用西汉古墓出土的、已有2000多年历史的木料制作而成的"宝墨园"木质名匾。木质纹理细密，书法圆润流畅。

在治本堂内右侧有收藏家捐赠的清代乾隆年间制作的紫檀木雕巨型画筒，造型精美，刻工精细，不愧为文房瑰宝。

在治本堂后的宝墨堂内，有一块写有"宝墨园"园名的花岗岩石匾，为宝墨园珍品。宝墨堂是为了纪念包公而建的悬山顶砖木结构建筑，是包公的书房兼卧室。三面环水，正对着鉴清桥，鉴清桥是砖木石结构，临宝墨湖而建，形状类似风雨桥。

宝墨堂的正中悬挂着包公的画像，他身穿大红官服，一身正气，大义凛然，脸色并不是传说中的黑色。传说中的黑脸包公形象，只是人们用黑色来表达他严肃、正直和铁面无私而已。

在宝墨堂内的正中，摆设着一只长2.36米，宽1.6米，重1吨多，刻有108只寿鹤，取名"百寿图"的巨型端砚。两侧陈列着已有300年历史的"如意古墨"以及紫檀木雕画筒，造诣工精，格调高雅。

南粤明珠 番禺宝墨园

透雕 是一种雕塑形式。它是在浮雕的基础上，镂空其背景部分，大体有两种：一是在浮雕的基础上，一般镂空其背景部分，有的为单面雕，有的为双面雕。一般有边框的称"镂空花板"。二是介于圆雕和浮雕之间的一种雕塑形式，也称凹雕，镂空雕，或者浮雕。

■ 广州宝墨园的仰廉桥

广州宝墨园紫带桥

在宝墨堂前的湖面上，有石雕龟蛇、仙鹤，湖上遍植荷花、睡莲等。堂前的水榭有两棵百多年树龄的老榆树盆景，苍劲挺拔，就像两位替包公执法的大将军，俗称"树将军"，在捍卫着社稷的正义。

在树将军旁边，设有一对大金鱼缸，分别绘有百朵菊花和百朵牡丹，争相吐艳、雍容华贵，为宝墨堂增色添彩。此外，在宝墨堂屋脊上有八组精美的陶塑装饰，是陶瓷大师根据包公的故事创作的，人物形神兼备，栩栩如生，其中尤以"宝砚投江"一组故事最为著名。

园林千姿

岭南园林特色与名园

阅读链接

传说清末时，沙湾出了个叫包墨宝的人，他在外地做官，官至巡抚，不仅清正廉洁，还特别体恤民生，深为百姓爱戴，被尊为当代"包公"。后来，包墨宝清廉的官声就渐渐传到了他的家乡。乡邻们奔走相告，都以他为自豪。

据说，包墨宝穿着特别朴素，他有一年回乡，居然被乡邻当作了路过此地的外乡人，以为他是要讨杯水喝。这事儿，很快在沙湾及周边传为美谈，人们争先恐后地赶来沙湾，想要一睹"包青天"真容。

后来，沙湾的百姓们便趁势传言说"包墨堂是包拯转世"，众多的乡邻也随即呼应。

为了感念包拯，百姓们纷纷自发筹资，在原来的包相府旁重建了一个包相府，并取名"宝墨堂"。

弘扬正气的园内建筑布局

龙图馆是宣扬包公政绩的地方，因为包公曾任龙图阁大学士而得名，其建筑具有岭南古代建筑的风格，砖木结构，前后有回廊，中间有天井，风火山墙。

龙图馆内外，均有不少砖雕、木雕、泥塑、灰塑等，造工精巧，古朴典雅。大门外18棵罗汉松排列成行，象征包公出巡时的仪仗队。旁边是一排红花紫薇，开花时节，嫣红翠绿，相映成趣。

■广州宝墨园古建筑内景

广州宝墨园池塘

在龙图馆门口，建造有四幅包公故事的砖雕，分别为《争儿记》《黄菜叶》《审郭槐》和《审乌盆》，反映了包公判案如神、为民请命、审理各种冤案的故事。在龙图馆门厅内外的横匾下，左右两旁各有一副对联，颂扬包公辉煌政绩。

门口正面对联为：

> 木石有灵再现包公清正事；
> 匠师无憾巧传百姓仰廉情。

门口背面对联为：

> 投砚镇江流尚有遗待明古训；
> 蜚声留宋典不曾枉法负平生。

龙图馆内，正面是一座大型紫檀屏风，高3.5米，阔4.5米，由五扇组成。中间雕刻有包公像，一派刚正不阿之气，令人望而敬畏。

包公雕像两旁，是宋代民间故事"狄青平南平西""呼延家将大破五行阵"和"背刻包公家训"。传说包公不但为官清廉，对后代要求也很严格，如果不听家训，有贪赃者，死后不得葬于祖坟。

屏风顶部是云龙，屏边是瑞兽麒麟，通花锦地，极为精细，屏座为佛教的莲花须弥座，刻有精细的莲花瓣，底部是有西汉风格的草龙图案。整座屏风精巧绝伦。

龙图馆的铜像为包公七子之像，即包拯、公孙策、展昭、张龙、赵虎、王朝和马汉。台前铸有铜剑、虎头铡，形象逼真，造工精美。馆内两侧陈列着三组蜡像，是脍炙人口的包公故事《怒弹国丈》《打龙袍》和《铡美案》。

在龙图馆后，有一紫竹园，园内种有20多种名贵竹，其中有紫竹、粉竹、佛肚竹、观音竹、金丝竹、

麒麟 也称作"骐麟"，简称"麟"，它是古代传说中的仁兽、瑞兽，是我国古代传说中的一种动物，与凤、龟、龙共称为"四灵"。据说麒麟原型实际上是当年郑和下西洋从南非带回来的长颈鹿。后经历代民间艺人加工，糅进了龙头、鱼鳞、牛蹄等深化形象与现实事物而成的一个形象。

■宝墨园景观

宝墨园紫气清晖牌坊

银丝竹、四方竹、大琴竹、小琴竹等。紫竹园里有一座流杯亭，仿古人曲水流觞景观而建。

在宝墨园内，回廊高约4.6米，宽2米至2.5米，以拱形青瓦作顶，呈斜网格状上横坡，把园内各亭、台、楼、阁、池、榭等连接起来，千丈回廊取其"千丈""气象万千"之意。

全长1000多米的"千象回廊"，随地形高低曲折起伏，按建筑布局而建。不仅使游人免受日晒雨淋之苦，更是移步换景，变化万端，使游人沉浸于岭南建筑与园林景致美丽和谐的境界中。

紫气清晖牌坊位于宝墨园中部，与宝墨堂、紫带桥、清明上河图同处在宝墨园的中轴线上，是纪念包公而建的，颂扬人民心目中的廉洁奉公、不谋私利的以包公为代表的清官文化。

紫气清晖牌坊全由白色麻石构成，仿照古代礼制仪门，五叠四柱三拱门，即有五座檐楼，其中一座明楼、两座次楼、两座边楼，驼峰斗拱式结构，整座石牌坊规模宏大，象征着清官的高风亮节。

紫气清晖牌坊基座四周镶嵌青色花岗石十二生肖的图像及暗八仙，坊前有一对青石狮子，坊后有一对瑞兽麒麟；紫气清晖牌坊石匾正面书"紫气清晖"，背面书"鉴古通今"。

位于紫气清晖牌坊后的建筑是传统的九孔石拱桥紫带桥，横跨清平湖，如长虹卧波，造工精致，形态优美，是全部由白石砌成，岸边杨柳依依，美不胜收。

桥栏两旁有取材于《东周列国志》《隋唐演义》和《三国演义》等历史小说中的故事的立体石雕，雕刻工艺精美绝伦，人物生动自然，马匹、交战场面栩栩如生，是石刻中的精品。

紫洞舫是仿照珠江三角洲传统特色的画舫而建，源于明清时期的紫洞艇。

传说，在明末清初，南海县紫洞乡人麦耀千在广州做官，经常乘船往来于广州、南海两地，他为了炫耀，建造了一只雕梁画栋的大船。船身雕刻了山水、花鸟鱼虫，以名贵木头装饰，镶嵌骨片，船身可大摆筵席，船头有桌椅，便于观赏沿途风光，船尾是厨房。

整只船如同精致的艺术品，因为往来于紫洞乡，因而称之为"紫

■广州宝墨园紫洞舫

■广州宝墨园聚宝阁和聚宝桥

洞艇"。后来有钱人家纷纷仿造，终于发展成为游船和水上茶楼，停泊在广州荔湾和长堤，成为独具珠江三角洲水乡特色的高级画舫。

紫洞坊停泊在清平湖边，长21米，宽6.8米，高8.7米，分上下两层，每层面积70平方米，钢筋水泥结构，由于造工精细，装饰巧妙，紫洞坊就像全是木材造成的。

全舫共有十个通花雕刻的挂落，其中有荔庆丰年、祥桃邀月、八仙贺寿、竹报平安、花开富贵、松鹤延年以及其他花鸟虫鱼。船头上的大型木雕"百鸟朝凤"更是栩栩如生，金碧辉煌。百多只鸟儿，各具风姿，雕工之精，令人赞叹。

舫内摆设，均以名贵的柚木、花梨木和酸枝木精工制成。宫廷式的几椅，配以仿宋代器皿，豪华夺目。

《清明上河图》大型的彩绘浮雕瓷壁画，是宝墨园的另一个镇园之宝。此浮雕采用陶瓷雕塑和陶瓷彩绘相结合的手法，整幅画立体性极强，气势磅礴，虽然描绘的只是北宋都城，但却是当时我国社会商品交易繁盛的缩影。

《清明上河图》壁画背面的整幅墙是宋代石刻书法长廊，一色黑底白字，雕刻的都是书法名家和极有历史文物价值的碑记，古收藏家誉之为"黑老虎"。

长廊镶有著名的石刻宋徽宗赵佶的瘦金体《千金文》，宋代四大家苏轼、米芾、黄庭坚、蔡襄的行书，南宋抗金名将岳飞书蜀汉丞相诸葛亮前后《出师表》碑刻等，字体豪放、洒脱，各有特色，是中华文化瑰宝长廊。

聚宝阁是宝墨园主景之一，位于荔岛上。绿瓦飞檐，彩色花窗，云龙天花，金碧辉煌。阁内珍藏有南宋铜十二生肖和彩色六角瓶内瓶及乾隆皇帝御用的方形墨。

其中，南宋铜十二生肖铸工极其精美，冶炼技术在当时居世界领先地位；彩色六角瓶内瓶，这是清代皇家名瓷。最名贵的是方形墨，已有200多年历史。

在聚宝阁楼梯口靠右墙上，悬挂有一幅行道菩萨像。他是从天竺，就是后来的印度，最早来我国宣传

瘦金体 是宋徽宗赵佶创造的一种风格相当独特的字体，其特点为：运笔飘忽快捷，笔迹瘦劲，至瘦而不失其肉，转折处可明显见到藏锋，露锋等运转提顿痕迹。此书体以形象论，本应为"瘦筋体"。以"金"易"筋"，是对御书的尊重。他流传下来的瘦金体作品很多，比较有名的有《楷书千字文》和《秾芳诗》等。

南粤明珠 番禺宝墨园

■广州宝墨园鱼乐碧波楼

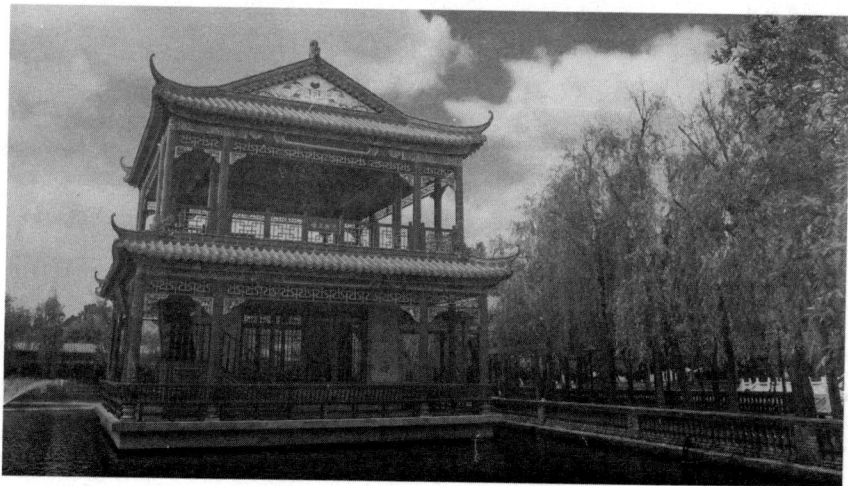

佛教的高僧，这幅像的作者是唐代有名绘佛画家韩虬的名作，该画已1000多年历史。

楼上正中有孔夫子铜立像及"麒麟吐玉书"。此外，聚宝阁内还陈列有南宋夏珪，明代文徵明、董其昌、海瑞，唐伯虎《山静日长图》和仇英的《耕织图》的檀香木雕画，俱为不可多得的文化珍品。

聚宝阁的对面就是观景楼，是一座临湖而建造的绿瓦飞檐、彩窗红柱的两层楼宇，同荔岛一水之隔。晴天时候，这里天光云影、水光映翠；雨天时候，阴雨迷蒙、若隐若现，系全园最佳观景的处所。

在聚宝阁的东北角还有"瑶琳幻境"，是个临湖而筑的人工小山丘，由三部分组成。假石山、溶洞、九曲桥。登山石级东西首尾贯通，一路花树扶疏，山虽不高，但悬崖峭壁，顶有思乡亭，亭匾集苏东坡书法而成。

下有钟乳洞，流水贯通南北流入湖中，水流淙淙，仿似鸣琴。置身于此，如入瑶琳幻境。小山之旁有九曲桥跨湖卧波，斗折蛇行。山背树林荫翳，虽是炎炎夏暑，自有进入"清凉世界"的感觉。

阅读链接

在宝墨园龙图馆馆内两侧陈列着三组蜡像，是脍炙人口的包公故事《怒弹国丈》《打龙袍》和《铡美案》。

"怒弹国丈"，是讲述宋仁宗时，无德无才的张尧佐，恃着干女儿张美人得宠而居朝廷要职"三司使"。画面展示包拯在皇帝面前不畏强权，弹核权臣张尧佐的情景。

"打龙袍"是包拯审理"狸猫换太子"以后，仁宗认母的故事。鉴于仁宗也是受害者，包拯便想出了以"打龙袍"代替惩罚皇帝的聪明办法了结此案。

"铡美案"中的陈世美原是书生，他当官以后，一心攀附朝中权贵，不惜抛弃妻子秦香莲。包拯审理此案则展示了他为民伸张正义不畏强权的大无畏精神，永远为后人所传颂。

古园荟萃

九曜园位于广州城内，是南汉开国皇帝刘岩兴建的王府，始建于919年，因湖中有9块奇石而得名。

澄海西塘位于汕头澄海东里镇塘西村，始建于1799年，后按苏州园林式样扩建，享有"苏州庭园"美誉。

余荫山房位于广州番禺南村东南，始建于1867年，以小巧玲珑、布局精细的艺术特色著称。

潮阳西园位于汕头潮阳棉城西环路东侧，建于1898年，造园艺技既继承了岭南传统庭园的精髓，又模仿了西方园林的形式。

南汉建皇家园林九曜园

917年，割据岭南的刘岩在广州称帝，国号"大越"。次年，刘岩改国号为"汉"，史称"南汉"，他是南汉的开国皇帝。

919年，刘岩在广州城内兴建王府，并在城西营建了一个皇家园

■江南园林复原模型

■ 清代江南园林模型

林，与其南宫连成了一片。

刘岩利用天然池沼凿出了后来的"西湖"，长500余丈，面积数百亩。该皇家园林的布局，以后来的西湖为中心，湖心有小岛。

传说，刘岩在凿湖后，广聚方士在小岛上炼丹求仙，"以药投之，水遂变色"，故称"药洲"。另说，因为他在小岛上遍植红芍药，所以小岛被称为"药洲""仙湖"。

那时，为了点缀药洲的灵气，刘岩又从江南各地搜罗来大批奇石点缀在湖滨，"积石如林"，沿湖还建有亭、楼、馆、榭等，风景甚好，美不胜收。其中，还有被放置于药洲上的，有"日光奇石"之称著名的九块灵璧石，就是后称"九曜石"最引人入胜。

古时，"九"是多的意思，而"曜"本来就是星

灵璧石 又名磬石，主要产出自安徽灵璧浮磬山，是我国传统的观赏石之一，早在战国时期就已作为贡品了。它漆黑如墨，也有灰黑、浅灰、赭绿等色。石质坚硬素雅，色泽美观，"声如青铜色碧玉""秀润四时岚岗翠"。它与英石、太湖石和昆石被列为我国园林的四大名石。

■ 园林假山

米芾（1051—1107），北宋书法家、画家，书画理论家，曾任校书郎、书画博士、礼部员外郎，世号"米颠"，书画自成一家。他能画枯木竹石，又能画山水，烟云掩映，平淡天真。他善诗，工书法，精鉴别。擅篆、隶、楷、行、草等书体，长于临摹古人书法，达到乱真程度，为"宋四家"之一。

的称谓，日、月、星均称"曜"，日、月、火、水、木、金、土7星合称"七曜"，而"九星"即是"九曜"的别称。

据说，这里的石头，大多是刘岩为了惩治罪人，要他们从太湖灵璧，浮海而至。其中九块"九曜石"，均八九尺至一丈多高，虽不规则，但色泽翠润，形似奔云。

九曜石"瘦""透""皱"具备，形状大小色泽各异，屹立于碧湖之中，与丽日晴空交相辉映。水天一色，奇特的石景、多变的倒影，令人仿佛看见海市蜃楼的奇观。药洲后假以九曜石为园名，被称为"九曜园"。

九曜园内曲径回廊，围栏水榭，一目了然。园内有一泓湖水，面积约440平方米，药洲、九曜石以及书院的碑刻，嵌于园内湖北廊壁之上。

北宋统一岭南后，九曜园成为士大夫泛舟觞咏、游览避暑胜地，史称"西湖"。当时，西湖有五代风格的门楼和碑廊。门楼面阔7米、进深4.8米，悬山顶。

在熙宁年间，北宋著名书法家米芾，在九曜园北岸、一块高1.5米，状如持笏的奇石上题刻"药洲"二字，并署"米黻元章题"。后来，此石被誉为"米题'药州'石"，不久被移至广东布政使署东院及两广总督署内。

1073年。米芾在泛舟西湖时写下了《九曜石》诗，题刻在九曜园内池东石南面的一块巨石之上：

> 碧海出蜃阁，青空起夏云。
> 瑰奇蹲怪石，错落动乾文。

其中首句"碧海出蜃阁，青空起夏云"以海市蜃楼和变幻多端的夏云作比，奇石奇诗，相得益彰。这块巨石，后来因有人在其石手掌

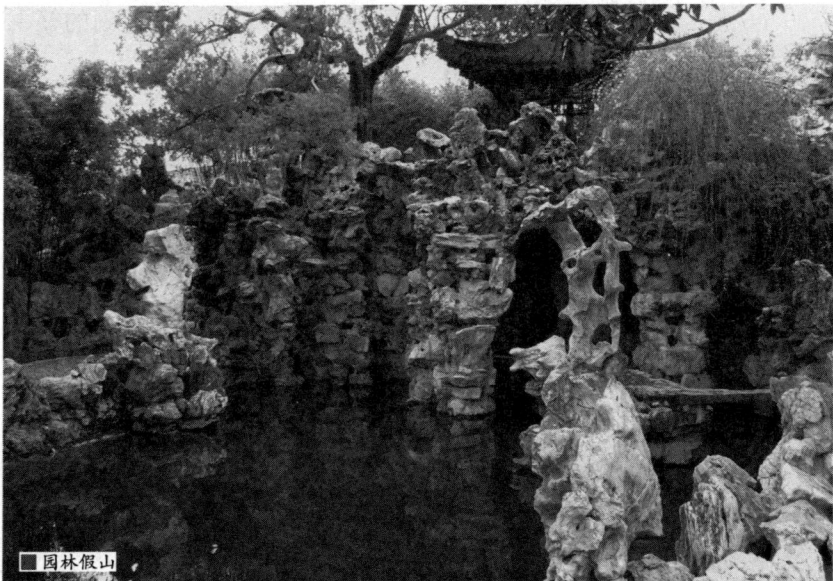

■ 园林假山

纹旁题刻了"仙掌"两字，而被誉为"仙掌石"。

到了南宋时，广州西湖开始出现淤塞。1208年，广州经略使陈岘对西湖进行疏淤整治。与此同时，他不仅在西湖上种植了大量白莲，号称"白莲池"，还在湖上建造了一座爱莲亭。

明初，广州西湖的面积仍达数百丈，还存有宝石桥和黄鹂港等胜迹，更有高大的九曜石傲立湖中。

拂晓之时，城中万籁俱寂，旭日冉冉升起，东方彩霞满天，倒映湖中，水天一色；名石古桥染上一层金黄。碧波粼粼，涟漪荡漾。

水面上绿莲红荷，堤岸边垂柳飞絮，更显天地幽清，宁静安详，而成此"春晓"之迷人景色。此景被誉为"药洲春晓"，为当时羊城八景之一。

明嘉靖年间，有人在九曜园石堤东侧，号称"九曜第一石"的石底部题刻了"此即九曜第一石也"。在这座石头之上，后来还有著名书法家题刻的篆书"拜石"和隶书"龙窟"等题刻。

■ 古典园林小景

"九曜园"以石为名，上面还镌刻着一些宋代文人的书法碑刻，其中以宋代米芾的"药洲"两字最为有名。

■古典园林

清时，著名书法家在游九曜园时，也曾在一块名叫"药洲石"的奇石上留下石刻。药洲石位于九曜园湖中偏西处，形如笋峰，高2.4米，上刻翁方钢题"药洲"两字。

由于九曜石知名度大，以至清代，附近的华佗庙亦称"九曜古庙"，庙旁的桥也称九曜桥。附近一带形成街道后则称九曜坊。

但是，到清晚期，九曜园遗存的太湖灵璧石则只剩下米题"药洲"石、仙掌石、海上洲石、九曜第一石、药洲石、池东石、白色中空石和珠泉石八块了。

阅读链接

传说，九曜石"并非因九块石而得名"，而是因为"九"有"言其数多至不可胜计"，且含"吉利"之意。

早在宋代，诗人墨客就曾以"榜舟九曜石下，摩挲前贤题刻"和觞咏其间为一快事。他们亲历其境，互相唱和，留下不少咏石佳句。从诸诗字行句里，就能品味出"九曜石"之"九"是实数而非泛指。

在广州的一些街巷，有九龙街、九五坊、九功坊、九如巷……，它们都不如九曜坊历史名气之长，加上有九曜石的威名，更加衬出"九"之福气、吉利和历史悠久。

二居建十香园作画授徒

在清代嘉庆、道光年间，居巢、居廉这对堂兄弟，分别于1811年和1828年，诞生于江苏扬州宝应县。后来，由于他们的先世任官岭南，遂定居广东番禺隔山，就是后来的广州海珠江南大道一带。

居巢，字士杰，号梅生，别号今夕庵主。他自幼喜爱诗文书画，生平最擅绘花卉、蔬果、禽鸟、虫鱼，兼能山水、仕女，其中他所画草虫一类的作品则更胜一筹。在居巢任广西按察使张敬修幕僚时，他曾受到当时著名书画家宋光宝等人的影响，所作花鸟尤为注重写生。

居廉，字士刚，号古泉，别号隔山樵子。他刚9岁就跟随堂兄居

■居廉画作《花卉昆虫图》之二

■ 居廉画作《花卉昆虫图》之一

巢赴广西生活。后又随居巢成为张敬修的军师，因军功奖掖，赏戴花翎。

其间临习过当时著名书画家宋光宝、华岩、金农、恽寿平、八大山人和徐渭等人作品。他擅画草虫花鸟、翎毛、山水人物、也精于指头画。

文化底蕴深厚的居巢，是居廉丹青启蒙、人生教诲的恩师。因此，居廉特别敬重堂兄居巢，以至后来一直追随他。

1855年，张敬修因浔城失守落职，次年返回东莞老家，而居巢、居廉兄弟也返回了家乡广州。之后，居氏兄弟应张敬修之邀同赴东莞可园。

当时，可园的主人张敬修非常欣赏居巢、居廉的艺术才华，常邀他们客居可园绘画写生。而可园设计精巧，亭榭楼阁，幽径相通，厅堂轩馆，占水栽花，有数不尽的名花佳果，堪称岭南园林珍品。

1856年，居巢、居廉因受可园的影响，开始谋划

花翎 清代官员和贵族的冠饰。武职五品以上，文职巡抚兼提督衔及派往西北两路大臣，以孔雀翎为冠饰，缀于冠后，称花翎，除因军功赏戴者外，离职即摘除，花翎有单眼、双眼和三眼之别，除贝子、固伦、额驸因其爵位戴三眼花翎。其他国公和硕额驸戴双眼花翎外，品官须奉特赏始得戴用，为单眼花翎。

居廉画作《松鼠葡萄图轴》

园林千姿

岭南园林特色与名园

建园。这次选址，兄弟俩定在广州隔山村北面，那里有一条清澈的河涌，当地居民习惯称作"马涌"，其东段，旧称瑶溪。

那时，瑶溪24景为游览胜地。此处，溪水微波荡漾，两岸绿树婆娑，身处小桥流水、花红柳绿之中，举目四望，皆可入画！当时的文人雅士，也经常到此乘风步月，秉烛调琴，酬诗和韵。因而，兄弟俩选此造园用心不言而喻。

但之后不久，居氏兄弟又数次应张敬修及其侄张嘉谟之邀同赴东莞，断断续续分别于张敬修的可园和张嘉谟的道生园客居了近十年时间，专心从事艺术创作。

景色秀美的可园为居巢、居廉提供了丰富的艺术灵感和绘画素材，优越的生活与创作环境和常有的文人雅士雅集，又深刻地影响了他们的人生及成就，在他们的传世诗画中，历历再现着昔日可园的一景一物。

在这段期间里，居巢与居廉经常一同对景写生，其作品多写蔬果野花，他们"笔致工秀而饶有韵味"，画风澹逸清华，家学熏陶使居巢毕生蕴蓄深厚国学素养，诗书画皆绝，曾在南粤大地引领风骚。

与此同时，由于居廉醉心写生，其画艺大有精进，而且渐与居巢齐名，世人始称"二居"，两人共同创立的绘画技巧及鲜明的艺术风格也因此被世人称之为"隔山画派"。

据《岭南画征略》记载：

道光年间，临川李云甫聘孟丽堂、宋藕塘来粤教授花卉，丽堂以意笔挥洒，上追白阳；藕塘设色写生，明丽妍秀。

粤坛遂开二派。梅生兄弟出，初犹学藕塘，后乃自成一家。居氏花卉，又开一生面矣。

可见居巢、居廉在绘画上的造诣自清代起已蜚声岭南。其画作融合了宋人的没骨法与元人的神韵，严谨细致，清淡秀逸。二

居廉画作《绣球图轴》

■ 居廉画作《富贵白头图轴》

居画花卉从不勾勒外框，画枝叶仅用墨晕或颜色随意点染，即可使画中枝叶错落有致，态势自成。

隔山画派的艺术风格主要是师造化、重写生。追摹花草形神，甚至将昆虫以针捶器皿中对之描绘。著名的经典技法"撞水""撞粉"法是居廉细心观察，感情而成的艺术特点。

1864年，张敬修在可园病卒后，居廉随兄居巢离开可园，回到故里，不久就开始建将来作画和授徒之所"十香园"。

1865年十香园竣工，当年居巢不幸去世。此后，居廉专心作画以卖画为生，并设馆授徒，声名日彰，桃李甚众。

据说，十香园院内种植有写生常用的茉莉、夜合、珠兰、素馨、瑞香、白兰、夜来香、鹰爪和鱼子兰等十种香花，所以人们都称呼它为"十香园"。

十香园占地640平方米，是一座四周以青砖砌墙围成小院，书舍清幽，在清末又称"隔山草堂"，是清代岭南地区庭院式民居建筑，既体现出广东民居的朴实特色，又富于诗情画意的书卷气。

在当时，十香园的主要建筑有今夕庵、啸月琴馆、紫藤花棚和紫梨花馆等。

今夕庵为居巢的画室、会客室、日常生活起居室。居巢去世后，此间为居廉供佛诵经之所。这里所

园林千姿

岭南园林特色与名园

科举 是历代封建王朝通过考试选拔官吏的一种制度。由于采用分科取士的办法，所以叫科举。科举制从隋朝始行，经历了1300多年，对隋唐以后我国的社会结构、政治制度、教育、人文思想，产生了深远的影响。

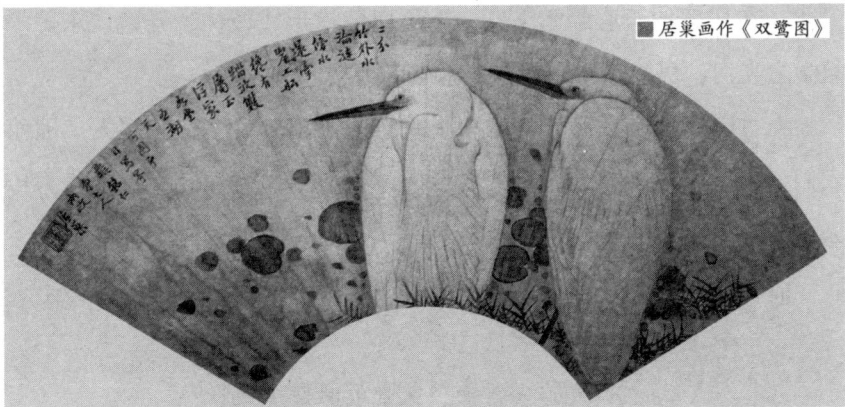

说的庵，其实就是堂。

啸月琴馆是居廉住所兼画室，以居廉收藏的古琴"啸月琴"命名。室中设画案，案上放置大玻璃罩，罩内满蓄各种草虫标本，以供写生。馆前各式奇石巧设，间以花草点缀其中，天趣盎然，幽雅宜人，颇有小园林之势。

紫藤花棚上有题写的匾额"居廉让之间"，实为露天而设，两边种植白梅、黄皮等树，供"二居"与友人、学子吟诗写生之用。

紫梨花馆是居廉设帐授徒作画的地方，馆前原种有紫藤，凤凰树等花木，故称"紫梨花馆"，门上刻着晚清书法家居秋海所题"紫梨花馆"木匾。当时，居廉常在此弹奏"啸月"古琴，使得园中天籁盎然，幽雅宜人。

在紫梨花馆室内西偏之处，是居廉授徒地方、作画之所、东面为书房，后来的岭南画派创始人高剑父、陈树人等就是在这样巧石奇设、花香四溢的"香国"接受着居派艺术的熏陶。

清代光绪年间，罢科举倡新学，设立新学堂，开设图画课。居廉教授，并非求薪，他生活清贫，但爱惜人才，资质好而贫穷的学生，他宁愿卖画来支持他们的学习和生活。

居廉在十香园20多年的美术教学，为岭南地区培养了大批的美术人才。在居廉的苦心经营下，十香园以蒙馆形式授徒，开启广东美术教学之先河，堪称是我国最早美术学府之雏形。

十香园门下，在我国美术史上垂名的杰出弟子多达30多人。因而人们说，有了居巢、居廉和十香园，才会有岭南画派一大批的优秀传人。岭南名贤雅儒多到此寻幽访胜。

清末名士潘飞声有诗道：

久别相逢笑破颜，茅堂依旧好溪湾。

晴窗恰对疏疏树，矮纸工描细细山。

暂抚菊松拼我醉，得餐薇蕨共君闲。

饥驱屡负栖岩约，明镜惊看鬓渐斑。

此诗，道出了众多文人墨客对十香园的悠悠向往和眷恋……

园林千姿

岭南园林特色与名园

阅读链接

相传，有一天，居廉在卧室作画，滴滴雨水从房顶上的瓦缝滴漏下来，正好滴在蚊帐上。雨滴在帐顶，渐渐化开，形成不同的水渍，好似云山万壑的泼墨画儿，居廉顿然濡笔伸纸试起来，居然心手相应浑然天成，堪如秘诀！

然后，居廉施粉色用笔点染于湿画纸上，趁画纸未干挑起斜架，让颜料在湿画纸上倾聚一侧，画纸干后，其色彩浓度，泾渭分明，精美绝伦；把花蕊用白粉点出凹窝，则更是造法自然，栩栩如生。

据此，居廉独创的"撞水""撞粉"法，开创了岭南画坛上新的里程碑。

清代举人邬彬的余荫山房

1867年，19岁的广州番禺南村人邬彬考中举人，为乡试第一。后官至刑部主事，任五品员外郎。后来，他的两个儿子也先后中举，有"一门三举人，父子同登科"之说。

一家出了三个举人，是件光宗耀祖的事情。于是，邬彬于1867年，以其祖父邬余荫之名在番禺南山脚下、其宗祠旁边的空地上，建造了余荫山房，又叫余荫园。

表示纪念和继承祖先的余荫，让子孙后世更加荣华富贵。

广东番禺余荫山房园林古建筑

广东番禺余荫山房园林的月门

为了造好余荫山房，邬彬聘请了许多造园名师，花费了近3万两白银，历时五年，才终于在1871年竣工。

余荫山房在广东番禺南村，占地1598平方米，坐北向南，布局精巧，它吸收了北方和苏州园林的特色，以"藏而不露"和"缩龙成寸"的手法，将画馆楼台，轩榭山石亭桥尽纳于三亩之地，布成咫尺山林，造出园中有园、景中有景、书香文雅、幽深广阔的绝妙佳境。

余荫山房通过名工巧匠的精雕细刻，使全园的纹饰做到丰富而精致、素色而高雅，给人们一种恬静和雅淡的美感，如置身于"波暖尘香"之中。

园中之砖雕、木雕、灰雕、石雕等四大雕刻作品丰富多彩，尽显名园古雅之风。更有古树参天，奇花夺目，顿使满园生辉。而园中"夹墙竹翠""虹桥印月""深柳藏珍"和"双翠迎春"等四大奇观，使游人大开眼界，乐而忘返。

其中，最显著的特点有两个：一是"缩龙成寸"，园内的建筑布局精巧有致，藏而不露。弹丸之地，把亭、台、楼、阁、堂、轩、桥梁、廊提、石山碧水、浮莲全都包含其中，且回廊、花窗影壁相互借景，游入其中感觉园中有园，景外有景，好一个曲径幽深。

二是"书香文雅"。不离居室，满园的诗联、佳作文采缤纷浓郁，真可谓岭南园林建筑艺术中的精品。

下雨天是赏园最佳时间，淅淅沥沥的小雨洒在碧绿的睡莲塘中，在深绿的莲叶上滚着，在淡绿的睡莲花瓣上沾着，满园都是淡淡的睡莲香气，几条硕大的红色锦鲤在花间穿行，周围都是如绿云般的竹叶在雨中沙沙地响着。

各建筑以风雨廊连接，圆门、漏窗、楹联、牌匾、花坛和假山，浑然一体。余荫山房以小巧玲珑的艺术特色著称，它与顺德的清晖园、东莞的可园、佛山的梁园一道，合称为清代广东四大名园，而且是四大名园中原貌最好的古典园林，是岭南园林艺术的杰出代表。

余荫山房正门门额为"余荫山房"。正门内，遍植四季花木。往右入一道圆形拱门，迎面是砖雕"寿"字，在门后一短廊的夹墙内种着一排竹子与外界分隔。

■余荫山房建筑

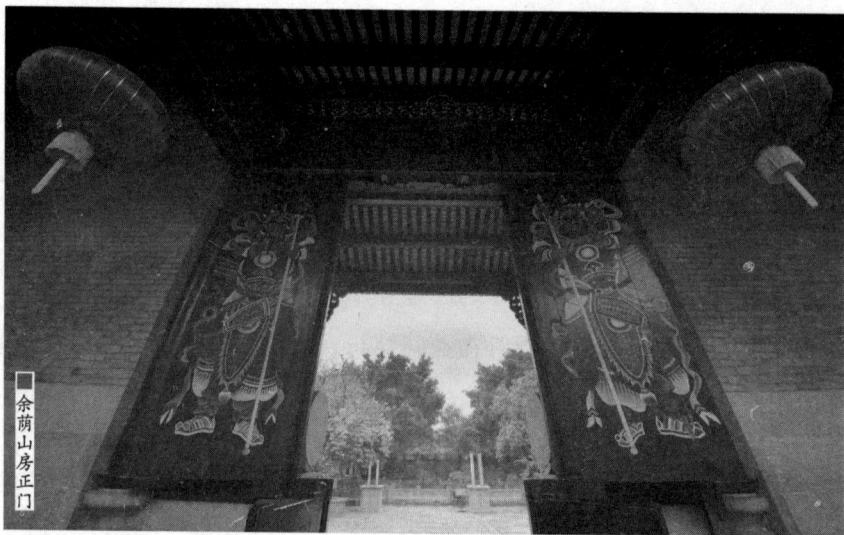

余荫山房正门

相传造园时，园主人邬彬受了北宋文学家苏东坡诗句"宁可食无肉，不可居无竹"的影响，于是决定要在园内种竹。

但在不足三亩的地方内又怎能种竹呢？园主人最后想出了一个办法，就是在墙与墙之间，先种上翠竹，然后才建墙和房。这一来，竹子既不占用庭园的面积，又能控制它的生长蔓延，并且可以挡住园外的尘土，一举三得。

更妙的是，由内院观之，修篁如在园外，由外围赏之，又分明是园中景物，亦内亦外，暗合"亦是亦非"的审美哲学，乃园林"借景"手法中的高明招数。

这些竹子大都已有140多年的寿命了，但仍然青翠欲滴，因而为余荫山房的第一大奇观"夹墙翠竹"。

穿"夹墙翠竹"之竹径，经余荫山房的第二道门、山房的花园门入园。门旁两侧，有园主人邬彬亲自题写的对联一副：

余地三弓红雨足；

荫天一角绿云深。

这副对联，巧妙地把园名"余荫"两字嵌了进去，并点出了余荫山房的特点：布局合理、小巧玲珑、书香文雅。

在上联中，"弓"即是箭，古人以一箭之地来比喻100步的距离。三弓就是300步的距离，意思是这个园林的面积很小；"红雨"，暗指整个余荫园四季花果不断。

下联中则"荫天一角绿云深"，把园内绿树成荫的环境表现得淋漓尽致。上下联中的"足"字和"深"字，深刻表露了园主人邬彬对余荫山房的挚爱和深情。

余荫山房二门里，有一道30米长的石拱风雨廊桥，把整个余荫山房园林的建筑划分成了东西两区。余荫山房西半部有深柳堂和临池别馆；东半部有玲珑水榭、卧飘庐、杨柳楼台、孔雀亭和来薰亭。

余荫山房西半部，又以长方形石砌荷池为中心，将其分成了南北两部分，池北为主厅深柳堂；池南为临池别馆。荷池使园林更加有层次，因而形成了余荫山房的第二大奇观"虹桥映月"。

深柳堂是园主人邬彬曾经读书的地方，堂前的石柱左右两边分别

■余荫山房廊桥景观

园林千姿

岭南园林特色与名园

■ 余荫山房"深柳堂"

满洲窗 是由传统的木框架镶嵌套色玻璃蚀刻画组成的窗子。套色玻璃蚀刻画是中西文化结合的实用工艺品,采用进口玻璃材料进行蚀刻、磨刻或喷沙脱色的技术处理,以传统题材为内容,有红、黄、蓝、绿、紫、金等颜色,加上不同的形状设计,使窗户典雅秀丽。后来因原材料缺乏等原因,此工艺品渐渐匿迹。

缠绕着两棵苍劲的炮仗花和古藤,花儿怒放时宛若红雨一片,衬托着深柳堂,十分绚丽。

深柳堂面阔三间,因为园主人曾在北方做过官,所以他用白色和紫色的玻璃来装饰窗子,从堂内看出去,是严冬下雪的景致,让人感受北国风光。

深柳堂是余荫山房的主题建筑,也是该园木刻工艺和书法绘画精品的集中之地。

深柳堂珍藏有很多精品,包括堂前两壁古色古香的满洲窗、厅上两幅大型紫檀木花鸟通花花罩栩栩如生、刻在长4米的樟木板上的咸丰帝圣旨、侧厢32幅桃木扇形格画橱、碧纱橱的几扇紫檀屏风,紫檀木雕屏的名人墨宝等,皆为著名的木雕珍品。这是余荫山房的第三大奇观"深柳藏珍"。

其中,引人注目的首先是清乾隆时期大学士刘墉的书法手迹，为通花木雕：

闭门读易程夫子，宴坐焚香范使君。
顾我未能忘世乐，绿樽红芰对斜曛。

隔莲池相望，有造型简洁的临池别馆遥相呼应，建筑细部装饰玲珑精致，兼有苏杭建筑的雅素与闽粤建筑的曼丽。临池别馆是园主人邬彬写诗作画的书斋，夏日凭栏，风送荷香，环境清静素雅。

余荫山房东半部的中央为一八角形水池，池中建有八角亭一座，是园内第四所建筑，名"玲珑水榭"，俗称"八角亭"。该亭曾是园主人邬彬会见客人、吟诗作对的地方。

水榭呈八角形，八面全是玻璃窗户，结构高雅，既能八面通风，又可以八面观景，有清雅而瑰丽的氛围。对于八角亭的八景，八个方向景致各不相同，有一首五律诗曾概括说：

丹桂迎旭日，杨柳楼台青；
腊梅花开盛，石林咫尺形；

余荫山房的池塘及亭子

虹桥清辉映，卧瓢听琴声；

果坛兰幽径，孔雀尽开屏。

我国园林建筑艺术风格独特，强调诗情画意。"玲珑水榭"之所以远近闻名，就是因为它八角玲珑，既有诗情，又有画意。八角亭里的楹联是园主人邬彬的墨宝：

每思所过名山坐看奇石皴云依然在目；

漫说曾经沧海静对明漪印月亦足莹神。

在"深柳堂"左侧，建有一间供宾友休憩的庐舍，是园中的第三所建筑，也是余荫山房的精华所在，名叫"卧瓢庐"。

室内的大窗，名为"满洲窗格"，可推拉闭合，能通风透气。大窗通格上镶嵌着的彩色玻璃，朝向庭院的满洲窗可让人一日看尽四时美景，堪称一绝。

邬彬与其两个儿子都是举人，阅历丰富，财力雄厚，筑园时充分调用中西材质，如西洋花纹地砖、意大利进口彩色玻璃，俱为时新花样。而半透明的土产"玻璃"，则是将蚌壳的内侧磨成平滑均匀的薄片，与云母片拼嵌而成，富有岭南特色。

透过一层蓝色玻璃看园中，门栏窗棂好似披上薄薄一层冷霜，犹如冬日雪景；若将两扇叠在一起，通过两层蓝色玻璃看室外，满院枝叶顿时转为赭红，酷似秋日枫林；而推开窗户，南国春夏景致，扑面而至，迎窗开卷，字皆鲜碧。

在玲珑水榭东南，沿园墙布置了假山。"杨柳楼台"沟通内外，近观南山第一峰，远接莲花古塔影。东西两半部的景物，通过名叫"浣红跨绿"的拱桥有机地结合在一起。

在玲珑水榭东北，点缀着挺秀的孔雀亭和半边亭，叫"来薰亭"。来薰亭半身倚墙而筑，周围还有许多棵大树菠萝、腊梅花树和南洋水杉等珍贵古树。

余荫山房的南部是相对独立的瑜园，是园主人邬彬的第四代孙邬仲瑜后来建造的，曾是他日常起居和读书的庭院。

■余荫山房景观

余荫山房古塔内景

瑜园以船厅为中心，后来是女眷居住的地方，所以又叫"小姐楼"，分两层。首层有桥、亭、池、馆等建筑，二楼是小姐的琴房和闺房等，楼中布置清雅，是琴棋书画、梳妆刺绣、拜佛念经等清代女子生活的地方，过去除女子之外，一般朋友是不能进内的。

余荫山房的北部是均安堂祖祠，堂门外有两棵酸杨桃树，与堂内的龙眼树和紫荆花树组成"子孙成龙"的意思，表示园主人邬彬希望其子孙后代都能继承先祖的余荫，使邬氏后世昌盛繁荣。

阅读链接

在余荫山房内、其主体建筑"深柳堂"的南面，相传是园主人邬彬即席挥毫的书斋。在夏天的夜晚，主人时而泼墨挥毫，时而凭栏远眺，随风送来阵阵荷花清香，令人迷醉。

据说，园主人把他的书斋起名为"临池别馆"，别有一番意味。其一，他是说书斋紧邻荷池美景，且与"深柳堂"遥相呼应，独居一室，故为其名。

另一个涵义是，古时候的文人雅士面对别馆前临池美景，以墨砚为"池"，蘸砚挥毫称为"临池"，因此，用"临池"来命名这馆舍。